英语语言学与应用语言学研究

唐长江　著

郑州大学出版社
郑　州

图书在版编目(CIP)数据

英语语言学与应用语言学研究/唐长江著. --郑州：郑州大学出版社，2023.9

ISBN 978-7-5645-9905-8

Ⅰ.①英… Ⅱ.①唐… Ⅲ.①英语－语言学－研究②应用语言学－研究 Ⅳ.①H31②H08

中国国家版本馆 CIP 数据核字(2023)第 167602 号

郑州大学出版社发行

郑州市大学路 40 号　　　　邮政编码：450051

出版人：张功员

全国新华书店经销

企业名称：长春市昌兴电脑图文制作有限公司印制

开本：787mm×1 092mm　1/16

印张：9.75

字数：208 千字

版次：2024 年 5 月第 1 版　　　　印次：2024 年 5 月第 1 次印刷

书号：ISBN 978-7-5645-9905-8　　定价：89.00 元

前言

语言是人际交往的重要工具，在增强人们的交流与沟通，促进社会和谐等方面发挥着重要作用。近几十年来，随着社会的发展，人际交往的重要性明显提升，语言学也进入了迅速发展的轨道，在大众视野中出现的机会也越来越多，得到了更多人的关注。

英语语言学的相关研究不仅有着悠久的历史，而且对人类社会的发展产生了比较深远的影响，甚至还在不同程度上记录了人类历史的具体演变过程。但是，随着人类社会的发展，英语语言的各个层面也在发生着变化。在应用语言学快速发展，英语语言学日益普及和广泛传播的今天，我们大多数英语语言学研究人员及英语教师要做的主要事情就是要理论联系实际，依据自己的研究、教学工作特点，确立一两个研究方向，将英语语言学应用技能、应用语言学发展融入自己的研究领域中，与我们的英语语言学教育工作有机地结合起来，为普及、深化应用语言学在英语语言学研究中的应用，为拓宽英语语言学的研究领域，为逐步完善国内的英语语言学研究发挥作用，以唤起更多的人重视英语语言学的学习，分享英语语言学及应用语言学的研究成果，将英语语言学和应用语言学的作用更好地发挥出来。

本书从语言学理论概述入手，针对英语语言学的基本方法、英语功能语言学进行了分析研究；另外对多维视角下的英语语言学、基于语言学理论的英语教学策略做了一定的介绍；还对应用语言学的理论与核心领域、应用语言学在英语教学中的应用及全球化通用语境下的语言认同与外语教育规划做了简要分析。书中内容全面、结构合理、重点突出、语言流畅、逻辑清晰，有助于读者顺利建构语言学及其分支应用语言学的理论框架。本书不仅可以为语言学习者、研究者提供参考，还可以为对英语语言学感兴趣的人士提供帮助。

本书在编写过程中，作者参考了大量书刊与文献资料，主要参考书籍已在参考文献中列出，但疏漏在所难免，在此对参考引用的书刊文献作者表示衷心的感谢。由于作者水平所限，书中若有错误或不妥之处，恳请广大读者批评指正。

唐长江

2023 年 5 月

第一章　语言学理论概述

第一节　语言学的研究分析

语言学作为一门研究人类语言的学科，其目的在于揭示语言及人类的本质，而不仅仅是追求具体结论。各个语言学流派、分支的出现，也是随着不同时代、不同研究角度和方法的发展而形成的，这也体现了语言学不断发展的特点。对于语言在人们的社会生活中的重要作用，我们确实应该加强对它的了解和研究，并进一步深化对语言本质的认识。

一、语言的内涵与外延

（一）语言的内涵

语言是人类交流的一种符号系统，它由一系列符号、语音、语法、语义和语用组成。语言具有以下内涵：

①符号：符号是一种表示事物或概念的标记或标识。

②语音：语音是一种声音，通过语音可以传达语言的信息。

③语法：语法是指控制语言符号的排列和组合方式的规则。

④语义：语义是指语言符号所代表的意义和含义。

⑤语用：语用是指语言在不同场合和语境下的使用方式和效果。

语言的内涵反映了语言的复杂性和多层次性，同时也说明了语言在人类社会中的重要性和不可替代性。

（二）语言的外延

1.语言的结构

语言的结构是指语言中的各个组成部分及其相互关系。语言的结构主要包括音韵、词汇、语法和语用。

①音韵结构：音韵是语言中的基本单位，包括语音、音位和音节等。语音是语言中的最小发音单位，音位是语言中的最小语音单位，而音节是语音的基本组成单位。

②词汇结构：词汇是语言中的基本单位，包括词和词组。词是语言中具有独立语义的最小单位，而词组则是由两个或更多词构成的具有语义的单位。

③语法结构：语法是研究语言中句子结构和组成成分之间关系的学科。语法结构包括句子成分的种类和语序等方面。

④语用结构：语用是研究语言在使用中的功能和效果的学科。语用结构包括语境、语用规则和语用语义等方面。

这些结构相互联系、相互作用，构成了语言的整体结构。

综上所述，语言是人类最基本的交流工具，它不仅包括语音、语义等外在结构，还有更深层次的文化内涵和历史背景。在学习和研究语言的过程中，我们需要全面地考虑语言体系及其结构要素之间的关系，同时对其历史和文化背景进行深入了解。只有这样，我们才能更好地理解和应用语言，实现有效的交流和沟通。

2. 语言的建构

语言是人类社会中创造出来的，也是随着社会历史的发展而不断变化的。在语言的建构过程中，人们通过相互交流、沟通和交往，不断发展出新的语言规则和表达方式，同时淘汰过时或不实用的语言形式。

语言的建构涉及许多方面，包括语音、词汇、语法等。在语音方面，人们通过模仿和创新，不断发展出新的语音形式，同时逐渐规范了语音的使用方式。在词汇方面，人们通过创造新的词汇、引入外来词汇和演变旧词汇等方式，丰富了语言的表达方式。在语法方面，人们通过归纳总结和规范化，建立了各种语言规则，例如词序、语态、时态、语气等。

需要注意的是，语言的建构是一个动态的过程，不断受到各种因素的影响。例如，文化、历史、地理环境、社会发展等都会影响语言的使用和发展。因此，在学习和研究语言时，需要综合考虑各种因素，全面理解语言的本质和特点。

二、语言的特征与功能

(一)语言的特征

①符号性：语言是由符号组成的，符号是一种可以代表思想和概念的标志，如字母、单词、语音和手势等。

②人类语言的特有性：语言是人类特有的沟通方式，其他动物没有完整的语言系统。

③社会性：语言是社会交往和文化传承的重要工具，它承载了社会和文化信息，是人类社会生活的重要组成部分。

④双重系统性：语言具有音系和语法两个系统，音系用于发音，语法用于组织语言。

⑤交际性：语言是交流思想、情感和意图的工具，它能够实现人与人的交际和交流。

⑥系统性：语言是有组织的，它有自己的语音、词汇和语法体系，符合一定的规律和约定。

⑦动态性：语言是不断发展变化的，随着社会和文化的变化，语言也会不断演变和发展。

总之，语言是一种复杂而又多样化的现象，它是人类社会文化的重要组成部分，也是人类智慧和文明的重要表现形式。

(二)语言的功能

1. 交际功能

交际功能是指语言在交际过程中所具有的能力和作用，即通过语言进行信息的传递、交流和理解的功能。语言的交际功能是语言最基本的功能之一，也是语言存在的原因之一。交际功能主要包括以下方面：

①交际目的:语言是用来实现交际目的的,如表达想法、交流信息、表示感情、请求帮助等。

②交际行为:交际行为指用语言进行的各种交际活动,如提问、回答、请求、道歉、批评、表扬等。

③交际策略:交际策略指在语言交际过程中,采取的各种策略,如转移话题、强调重点、避免误解等。

④交际意图:交际意图指语言使用者在交际过程中所表达的意图,如请求、命令、建议、批评、表扬等。

⑤交际情境:交际情境指语言使用者在交际过程中所处的情境和环境,如时间、地点、人物、氛围等。

综上所述,语言的交际功能是语言的基本属性之一,它是语言能够被人们运用、传递信息和进行交流的重要基础。

2.信息功能

信息功能是语言的一个重要特征,是指语言可以传递信息、表达事实、描述概念和思想等。信息功能包括表达事实的陈述、提供信息的询问、请求和命令等语言交际行为。通过语言的信息功能,人们可以交流彼此的想法、情感、知识等,从而实现信息的传递和共享。在现代社会中,信息功能在各个领域得到广泛应用,如新闻传媒、科技交流、商业谈判等,是促进社会发展和文化传承的重要工具。

3.情感功能

情感功能是指语言表达中传达情感、感受、情绪等情感信息的功能。人类是具有情感的生物,情感在人们的生活中起着重要作用。语言在传达情感方面也扮演着至关重要的角色。通过语言,人们可以表达自己的情感,也可以了解他人的情感。情感信息的传递主要是通过语言中的语音、语调、语气、词汇、句式等方面来体现的。例如,人们可以通过语调、语气来表达自己的兴奋、惊讶、愤怒、喜悦等情感,也可以通过选择恰当的词汇、句式来表达自己的感受和情感。

语言的情感功能在人际交往具有重要作用。例如,在人际交往中,情感信息的传递可以帮助人们更好地理解对方的内心世界,增进相互的理解和信任;在文学作品中,语言的情感功能可以让读者更深刻地感受作品所表达的情感,增强作品的艺术感染力;在广告中,情感信息的传递可以让消费者更加情感化地认识产品,增加产品的吸引力。

因此,语言的情感功能在语言学研究和语言教学中也具有重要地位。在语言教学中,培养学生在语言中表达和理解情感信息的能力也是非常重要的一项任务。

4.标志功能

标志功能是指语言可以作为一个群体或社会的标志来进行区分和认同。不同的群体或社会可能使用不同的语言或方言,这些语言或方言就成了这些群体或社会的标志之一。通过语言的使用,人们可以确定对方的身份、归属感和文化背景,进而建立联系和互动。标志功能也与语言的使用场合有关,比如在正式场合和非正式场合,使用不同的语言或语言风格也可以作为区分的标志。

5.元语言功能

元语言功能是指语言本身对自身的描述和解释的能力，也就是语言对语言的能力。元语言功能可以帮助人们更好地理解语言的结构和规则，进而更好地学习和应用语言。在语言学中，常常需要使用元语言来对语言进行分析和描述，例如，对语言中的句子、词汇和语法规则等进行描述和解释。此外，元语言功能也可以用于语言的翻译和转换，例如，将一种语言的词汇和语法转换为另一种语言的词汇和语法。因此，元语言功能在语言学的研究和应用中具有重要的地位。

6.审美功能

语言的审美功能是指语言本身具有的美感和表达能力。语言不仅可以传递信息和情感，还可以通过其音韵、语调、韵律、修辞等方面的表现形式来引起人们的审美感受和情感共鸣。在文学艺术作品中，语言的审美功能尤为重要，语言的运用不仅可以传递文化信息和思想意义，还可以表现出文学作品的独特风格和美感，从而深刻地打动读者的心灵。因此，掌握语言的审美功能对于语言学习者来说是非常重要的。

7.智力开发功能

语言作为一种认知工具，也具有智力开发的功能。语言的使用和学习可以促进人类的认知发展，尤其是语言表达和沟通的过程中需要进行思考、记忆、判断、归纳等高级认知活动，这些活动能够锻炼和发展人的智力。例如，学习语言需要记忆单词、理解语法规则、思考表达方式等，这些活动可以促进大脑的发育和认知能力的提高。同时，语言学习还可以激发人的创造力和想象力，促进人的思维开阔和创造性思考能力的发展。因此，语言的智力开发功能是其重要的功能之一。

第二节　语言学的研究方向

一、语言学的概念

语言学是一门研究语言的学科，主要涉及语言的结构、历史、发展、使用、认知和教学等方面，旨在揭示语言的本质和规律。它关注的范畴包括语音、词汇、语法、语用、语言演化、跨文化交际等。语言学不仅是一门纯理论学科，也是应用广泛的学科，如语言教学、自然语言处理、社会语言学、心理语言学等。

二、辨别语言学中的重要概念

(一)描写与规定

在语言学中，描写和规定是两种不同的研究方法和角度。

描写是指对语言的实际使用进行观察、描述、分析和解释的过程，通过对语言使用的实际情况进行观察和分析，描写语言的内在结构和规律性。这种研究方法更关注语言的实际运用，而不是对语言进行规定或规范。

规定是指制定或规定语言的准则、规范或标准，以便人们能够更加规范地使用语言。在语言学中，规定的目的是制定一套标准的语法、拼写、发音、用法等规则，以帮助人们更好地理解和使用语言。这种研究方法更关注语言的规范性和标准化。

（二）共时与历时

共时研究语言的静态方面，即在某个特定时间点上语言的形态和语义。共时分析主要关注语言的语音、词汇、语法、语义等方面，研究语言形式上的规律和规范。共时研究的重点是对某个语言状态进行描述，描绘出这个语言在某个时刻的形态、结构、系统和功能。

历时研究语言的动态方面，即语言的发展、演变和变化。历时分析研究语言的演变过程、语言变化的原因和规律、不同历史阶段的语言状态等。历时研究的重点在于追溯某个语言状态的演变历程，寻找语言变化的规律，理解现代语言形态和系统的来源和演变。

共时和历时的研究方法和视角不同，但两者是相辅相成、互为补充的。共时研究与历时研究相结合，可以更全面、深入地理解语言的本质和规律。

（三）语言与言语

语言是指人类用来进行思维和交流的符号系统，包括词汇、语法和语音等要素。语言是一种抽象的符号系统，是人类智慧的结晶，是人类文明发展的重要标志之一。

言语是指具体的、实际的语言行为，是在特定时间、地点和情境下人们用语言进行的实际交流活动。言语包括口头言语和书面语言两种形式，是语言的具体应用。

在语言学研究中，共时语言学主要关注语言的现代形态，研究语言系统内部结构和功能，而历时语言学则关注语言的演变和发展历程，探究语言的变化规律和历史演变。无论是共时语言学还是历时语言学，都需要考虑语言和言语的关系，因为言语是语言的具体应用形式，反映了语言的实际使用情况，对于研究语言的结构和演变规律具有重要意义。

（四）语言能力和语言应用

语言能力是指人类天生具备的、用于使用语言的普遍认知能力。它包括语音、词汇、语法、语用、语境等方面的知识和技能。语言能力不仅存在于人类大脑中的语言模块中，还与人的智力和认知能力密切相关。

语言应用是指人类使用语言进行交流、表达和传达信息的过程。它是将语言能力应用于实际生活中的表现，需要考虑语言的使用场景、受众和目的等因素。

在语言学研究中，语言能力和语言应用两者互为补充，相辅相成。语言能力研究着眼于人类语言普遍性的认知结构和规律，探究语言系统的本质和特征；语言应用则关注于语言在实际应用中的运用和变化，研究语言的历史和演变、语言变异和语用规则等。两者结合，可以更加全面地理解和分析语言现象。

三、语言学与其他学科的关系

（一）语言学和认知科学

语言学和认知科学在很多方面有着密切的联系和交叉。认知科学研究的是人类的认知过程，包括感知、思考、记忆、语言理解和推理等，而语言作为人类思维和交流的基本工具，在认知科学的研究中具有重要的地位。

一方面，语言学研究语言的结构、语法、音系等方面的问题，为认知科学提供了丰富的数据和模型。另一方面，认知科学的研究成果也为语言学提供了新的视角和方法，如认知语言学、心理语言学等领域的出现，使语言学从语言结构的研究转向了语言的认知和使用。

在语言学和认知科学的交叉研究中，探讨了语言与思维之间的关系，语言如何影响和塑造人类思维的发展和表达。同时，研究了语言的习得和学习过程，以及如何利用语言和其他认知能力进行有效的学习。

因此，语言学和认知科学的交叉研究，不仅可以深入探讨语言及其使用的本质，也有助于推动语言教育和认知教育的发展。

（二）语言学和信息科学

语言学和信息科学之间存在着密切的联系。信息科学是研究信息处理的科学，而语言是信息传递的一种重要手段。语言学研究语言的规律和结构，而信息科学研究信息的处理和传递方式，二者都是从信息的角度来看待问题。因此，在信息科学的发展过程中，语言学的成果和方法被广泛应用，例如，自然语言处理、语音识别、信息检索等。而同时，信息科学的发展为语言学提供了新的方法和技术，例如，语料库、计算机辅助语言学等。因此，可以说，语言学和信息科学是相辅相成的。

（三）语言学与教育学

语言学和教育学有很强的关联，因为语言是教育过程中最基本的工具和媒介。语言学研究语言的本质、结构和规律，而教育学则探讨如何有效地传授知识和培养学生的能力和素养。在语言教学中，语言学为教育学提供了理论基础和指导，同时教育学也促进了语言学的研究和应用。

具体来说，语言学为教育学提供了以下方面的支持：

①语言学提供了语言学习的理论基础，帮助教育学家了解语言习得的过程和机制，从而更好地设计和实施语言教育计划。

②语言学帮助教育学家了解不同语言之间的差异和相似之处，从而更好地进行跨文化交流和教育。

③语言学研究语言结构和语用规律，为教育学家提供了语言使用的指导，帮助他们更好地教授语言应用技能。

④语言学研究语言变异和语言变化，为教育学家了解语言使用的历史和文化背景提供了重要参考。

同时，教育学对语言学的发展和应用产生了积极的影响，特别是在语言教育方面，具体如下所述：

①教育学提供了语言教学的实践经验和教育原则，对语言学的应用提供了指导。

②教育学研究语言教育的评价和测量方法，为语言学研究提供了可行的方法和技术。

③教育学为语言学的跨学科研究提供了支持和平台，例如，语言教育技术和跨文化交流

等领域。

(四)语言学与社会科学

语言学与社会科学有着密切的联系。语言作为人类社会交往和文化传承的重要工具，不仅在语言本身的层面上具有研究价值，同时也涉及社会、文化、心理、历史等多个领域。

在社会学中，语言学可以用于研究社会语言学、群体语言学、话语分析、社会语言心理学等问题，以探究语言在社会交往中的作用和影响。

在人类学中，语言学可以用于研究语言与文化之间的关系，以及语言对文化传承和演化的影响。

在心理学中，语言学可以用于研究语言对人类认知和思维的影响，以及语言障碍等心理问题。

在历史学中，语言学可以用于研究历史上的语言演化和语言变异，以及语言在历史演变中的作用。

因此，语言学与社会科学密切相关，可以为我们更深入地了解和探索人类社会和文化提供重要的研究方法和理论基础。

第三节 现代语言学的主要流派研究

一、现代语言学之父索绪尔

(一)索绪尔语言理论产生的背景

索绪尔语言理论产生的背景可以追溯到19世纪末的欧洲，当时的欧洲正处于大规模的政治、经济、文化和社会变革。在这个时期，欧洲的语言学家开始对语言的本质和结构进行深入的思考和研究，试图寻找一种新的、更为系统和科学的语言学方法。

索绪尔的语言理论是基于他在历史语言学和比较语言学研究中所积累的知识和经验的基础上，结合当时的语言学发展趋势，提出了一种全新的语言学理论。

此外，索绪尔的语言理论也受到了其他学科的影响，比如哲学、社会学、心理学等，这些学科对于索绪尔的语言观念和语言学方法都有一定的影响和启示。

1.语言学背景

索绪尔的语言学理论是在他对语言学和哲学的广泛研究基础上产生的。他深受西方语言学、心理学、逻辑学、数学和信息科学等领域的影响，也深受马克思主义的影响。他的语言学理论既承袭了结构主义的思想，又与传统的结构主义语言学有所不同，提出了许多新的观点和概念，为语言学和人类学等领域的研究提供了新的思路和方法。

2.心理学背景

索绪尔的语言理论产生于20世纪初，此时心理学正处于行为主义时期。行为主义主张通过研究外在行为来揭示心理活动，将心理学看作是一门自然科学。在这个背景下，人类语言被视为是一种行为，被纳入到行为主义的研究范畴之中。索绪尔的语言理论对行为主义提出了挑战，他认为语言不仅仅是一种外在的行为，更重要的是它内在的结构和功能，这种结构和功能需要通过心理学的方法进行研究。因此，索绪尔的语言理论对当时的心理学界产生了很大的影响，促进了心理学的发展。同时，索绪尔的语言理论也影响了其他领域的研究，如文学、哲学等，成为20世纪后半叶最具影响力的学说之一。

3. 社会学背景

索绪尔的语言理论在社会学中产生了很大的影响。他认为，语言是一种符号系统，它与社会和文化密切相关，是社会文化的产物和反映。在社会学中，语言被视为社会化过程中的重要元素之一，是社会化的途径和手段之一。社会学家们通过研究语言的使用方式、社会群体中语言的差异、语言的社会功能等，探究了语言与社会的关系，进一步丰富了索绪尔的语言理论。同时，社会学也借鉴了索绪尔的思想，将语言作为一种符号系统来研究社会现象，如文化、群体关系等。

(二)索绪尔语言理论的基本内容

1. 对语言符号性质的认识

对语言符号性质的认识主要涉及以下几个方面。

①语言符号具有任意性：语言符号和其所代表的对象之间的关系是任意的，即符号和对象之间没有内在的联系，而是通过社会约定的规则来建立的。

②语言符号具有线性：语言符号是由一个个的音素或字母构成的，它们的排列顺序具有重要的意义。同样的音素或字母组合成不同的单词，其语义也会不同。

③语言符号具有离散性：语言符号是由一个个离散的单位组成的，如字母、音素、单词、短语等。这些单位之间存在明确的界限和区别。

④语言符号具有交叉性：语言符号之间不是孤立存在的，它们之间存在着联系和相互作用。例如，单词之间可以组成短语，短语之间可以组成句子，句子之间可以组成篇章，等等。

总的来说，语言符号是一种任意的、线性的、离散的、交叉的符号系统，它们的含义是通过社会约定的规则来建立的。

2. 对语言系统的认识

语言系统是指一个特定语言中所有的音、词、句子以及它们之间的规则和关系所构成的整体。语言系统是人类共同遵循的规则，是一种社会文化现象，因此在不同的社会环境和文化中会有不同的语言系统。

语言系统包括音系、词汇、语法和语用四个方面：

①音系：一个语言中所有的音素、音节和音变规则所构成的系统，是语言系统的基础部分。

②词汇：一个语言中所有的单词和词组所构成的系统，是语言系统的重要组成部分。

③语法：一个语言中所有的句子结构、语法规则和语法变化所构成的系统，是语言系统的核心部分。

④语用：一个语言中所有的语言使用方式、语言功能和语言交际所构成的系统，是语言系统的应用部分。

这四个方面相互关联、相互作用，构成了一个完整的语言系统。人们在语言交际中遵循这个系统，才能够进行有效的沟通和理解。

3.明确了语言研究的对象

语言研究的对象是语言现象，它是指人类使用语音或符号进行交流的能力和行为，包括语音、语义、语法等。通过研究语言的结构、功能、演变和使用等方面的问题，可以更好地理解语言在人类社会中的重要地位和作用。

4.明确了语言研究的途径

语言研究的途径主要有两种：实证研究和理论研究。实证研究主要是指对语言事实的观察、记录、描述和归纳，通过对语言数据的分析，找出语言中的规律、特征和变化趋势。而理论研究主要是指对语言系统的建构和分析，通过对语言现象的逻辑和语义特征的理解，构建语言理论和语言模型，从而更深入地了解语言的本质和规律。这两种途径是相辅相成的，实证研究为理论研究提供了数据支撑和基础，理论研究为实证研究提供了思想指导和理论基础。

5.组合关系和聚合关系

在语言学中，组合关系和聚合关系都是指词汇间的联系。

组合关系是指两个或多个词汇在语言中通过一定的语法规则组合在一起，形成一个新的词组或句子。例如，英语中的“shoemaker”就是由“shoe”和“maker”两个词汇通过语法规则组合在一起形成的。

聚合关系则是指词汇之间的语义联系，即它们之间具有某种共同点或相似点，因此可以被归为同一类别。例如，英语中的“swimming”“fencing”和“surfing”都属于运动这个类别，它们之间就存在一种聚合关系。

需要注意的是，组合关系和聚合关系并不是绝对的，同一个词汇在不同的语境中可以同时存在不同的关系。

索绪尔的语言观点确实具有一定的局限性，尤其是在将语言社会属性内化为一种规则系统的同时，将另一部分排除在语言研究之外。这在一定程度上阻碍了语言学的全面发展，因为语言的社会属性和个人属性本质上是相互联系的。现代语言学的研究则更加综合和全面，尤其是随着语言与认知、语言与文化、语言与社会等领域的交叉融合，语言学已经成为一个更加复杂、多元、综合的研究领域。

二、布拉格学派

布拉格学派是20世纪初在欧洲中部的捷克斯洛伐克出现的一个语言学派，也称为布拉格语言学派或功能语言学派。该学派的主要成员有马索卡、胡伊泽尔、特里诺夫等。

布拉格学派主张将语言看作人类思维的产物，并认为语言应该被视为交际行为的一种方式。该学派的语言观重视语言的功能和使用，强调语言的交际作用和语言表达的语义，而不是语言形式的规则。

布拉格学派的主要贡献包括：提出了语言功能的概念，将语言学的研究范畴从单纯的语音和词汇研究拓展到了语言的功能层面;提出了"语言表达式"和"语言语义"的概念,强调语言表达和语言语义是相互依存的;提出了"语言的上下位关系"概念,即不同层次的语言单位之间的关系;倡导将语言的研究与其他学科,如哲学、心理学、社会学等相结合,从而形成了语言功能学派。

总的来说,布拉格学派强调语言的功能性和实用性,将语言学研究范畴拓展到了语言的功能层面,为后来语用学等领域的发展奠定了基础。

三、哥本哈根学派

哥本哈根学派是一支重要的语言学派别,起源于20世纪初的丹麦哥本哈根大学。该学派主张语言学研究的对象应该是语言结构而非语言实际使用,即"语言是什么"而不是"语言用来做什么"。哥本哈根学派主要贡献在于建立了语言分析的方法论,强调语言的分析应该从最小的语音单元开始,逐渐向上推导出更大的单元,最终构建起整个语言系统。此外,哥本哈根学派还强调语言规则的形式化表示,尤其是基于逻辑和数学的形式化分析方法,这对计算机语言学的发展起到了积极的推动作用。

哥本哈根学派强调,其语言理论主要立足于解决如下两方面的问题:

①语言结构:哥本哈根学派强调语言结构的重要性,认为语言是由一系列符号按照一定规律组合而成的结构体系。因此,研究语言结构对于理解语言的本质和语言使用的规律非常重要。

②语言使用:哥本哈根学派认为语言使用是语言研究的重要方面,语言使用涉及语言的社会功能和交际目的,研究语言使用可以帮助人们更好地理解语言的语义和用途。

哥本哈根学派的观点主要包括以下几个方面:

①语言是人类思维和行为的产物,是社会交往的工具。

②语言是一种符号系统,符号与其所代表的对象之间没有必然联系,而是基于社会共识和约定而建立的。

③语言是一种社会现象,不仅是个体内部的心理过程,还具有社会和历史的背景和特征。

④语言的研究应该是综合性的,既要考虑语言的形式和结构,也要考虑语言的使用和语义。

⑤语言是有限的,但是人类的思维和表达是无限的,因此语言只能表达部分语义,而其他语义需要通过非语言的手段来表达。

⑥语言的语义是建立在语境和共识的基础上的,理解语言需要考虑语言的语境和社会背景。

⑦语言学的研究应该与其他学科密切结合,包括哲学、社会学、心理学、人类学等,以便全面地研究语言现象。

第二章　英语语言学的基本方法

第一节　英语语音学

一、语音与语音学

语音是指人类在口腔和喉咙中所产生的、具有语义的声音单元，是语言学的一个基本研究对象。语音包括语音音素和语音音调两个方面。语音音素是指一种最小的、在语言中具有语义的音单位，而语音音调则是指语音的高低、音调变化、语调等音调信息。

语音学是指一门研究语音的学科，旨在探究语音的产生、特征和变化规律。它包括音韵学、音系学、语音学等分支。其中，音韵学研究语音在语言中的作用和地位，研究音素之间的关系和音素的分布规律；音系学则研究某一语言中全部语音音素的体系和关系；语音学则研究语音的产生机制和声学特征，探讨语音的发音原理和产生机制。

因此，虽然语音和语音学密切相关，但它们并不等同，前者是语言学中的一个基本概念，后者则是一门学科，专门研究语音的特征和规律。

（一）语音

1.语音的生理属性

了解语音的生理属性需要认识主要的发音器官。人类发音器官主要包括肺部、气管、喉、声带、口腔和鼻腔。在说话时，肺部提供空气流动，通过气管和喉进入声带，声带的振动产生声音，然后进入口腔和鼻腔进行调整和共振，最终形成语音。不同的发音器官的协调运动会产生不同的声音，从而产生不同的语音。因此，了解语音学的生理属性可以帮助人们更好地理解语音的产生和发展。

(1)发音器官的功能

①呼吸器官

呼吸器官是指人体内用于呼吸作用的器官系统，包括鼻腔、喉腔、气管、支气管和肺部等。它们共同协作完成呼吸功能，即吸气和呼气，使人体能够摄取氧气并排出二氧化碳。

具体来说，鼻腔是人体的气道入口，空气从鼻孔进入鼻腔，经过嗅觉和加热、加湿、过滤等作用后进入喉腔。喉腔是连接口腔和气管的部分，其主要结构包括会厌、声带和杓状软骨等。声带是喉腔内的一个黏膜褶，是发音的重要器官，人类利用声带发出各种语音。杓状软骨是喉腔内唯一不成对出现的软骨，其下端连接甲状软骨和环状软骨，上端支撑舌骨，发音时起到重要的作用。

气管是连接喉腔和肺部的管道，其内壁由软骨环和黏膜组成，可通过肌肉的调节作用进行收缩和扩张。支气管是气管分支而来的管道，将气体输送到两个肺部。肺部是呼吸器官的最终目的地，是用于气体交换的主要器官。肺部内部有许多小的气管和气囊，能够在呼吸时不断地将氧气吸入肺部，将二氧化碳排出体外。

②喉腔和声带

喉腔是指颈部上部的一个空腔，是气流通过的必经之路。喉腔的上部与鼻腔相通，下部则与食管相连。在喉腔的前部，有一对具有弹性的软骨组成的喉盖，它可以防止食物进入气道。喉腔中间是一对相对摩擦的声带，声带是一对肌肉构成的弹性组织，在发音时通过肌肉的协同作用，可以拉紧或者松弛来改变声带的长度和张力，从而产生不同的声音。当气流通过紧张的声带时，它们开始振动，这就是声音的产生。

人类的声带可以产生各种不同的声音，这取决于声带的张力、长度和形状等因素。例如，嗓音是在声带基础上产生的一种声音，它的特点是声带振动频率比较低，呈现出周期性的振动。而说话时产生的声音则是通过改变声带张力和长度来产生不同的音高和音调，从而形成不同的语音。

在语音学中，声带的振动次数被称为频率，频率越高则发出的声音就越高。而声带的紧张程度则决定了声音的强度和音色。因此，在发音时，声带的紧张程度和长度的调节是非常重要的。

③共鸣腔

共鸣腔是人体的一些腔隙，包括喉咙、口腔和鼻腔等，这些腔隙能够产生不同的共振效果，从而对声音产生不同的调整和增强。共鸣腔的作用是对声波进行放大、过滤和调节，让声音变得更加丰富、清晰和有色彩。它的大小、形状、位置、开合程度等因素都会对声音产生影响。例如，口腔的大小和开合程度会影响元音的共振，而鼻腔的开合程度则会影响鼻音的产生。共鸣腔对于人类的语音产生了重要的影响，不同的语音和语言也会利用共鸣腔的不同特点来产生不同的声音。

(2)积极的发音器官

①软腭

软腭，也称悬腭，是口腔壁和鼻腔壁之间的一块软组织，位于口腔和鼻腔之间。它的主要作用是在发音时调节气流的通道，控制气流的进出方向，以及在发音过程中调节声音的音质。在发生鼻音时，软腭会下垂，使气流通过鼻腔发出声音。而在发生口音时，软腭则会抬起，使气流只通过口腔发出声音。因此，软腭在语音学中扮演着非常重要的角色。

②唇

唇是人体口腔的入口，是发音过程中的一个重要部位。在发音时，上唇和下唇可以协同运动，形成不同的音位。例如，在发/b/音时，双唇紧闭，当气流从口腔中冲出时，唇部突然张开，气流被迅速释放，产生爆破声音，从而发出/b/音。而在发/f/音时，上齿床和下唇靠近，气流从唇齿间流出，形成摩擦声音，从而发出/f/音。

③舌

舌是语音产生的重要器官之一，它位于口腔的底部，可以向上、下、左、右等方向活动。舌的运动可以改变口腔中空气流动的方向和速度，从而产生不同的语音。在发音过程中，舌的位置、形状和运动方式对语音的音质、音高等特征都有着重要的影响。不同语言中的舌位和舌形也存在差异，因此舌在不同语言的发音中具有重要的作用。

2.语音的物理属性

(1)音调

音调是语音学中的一个重要概念，是指声音的高低、升降等方面的变化。在不同的语言中，音调的作用和表现形式都有所不同。在汉语中，音调的作用非常重要，它可以改变一个字的语义，如“ma”可以表示“妈”“麻”“马”“骂”等不同的意思，取决于所使用的音调。汉语的音调可以分为四个基本音调和一个轻声，分别为平声、上声、去声、入声和轻声。其他语言中，音调的作用也很重要，如泰语、越南语等东南亚语言中也有多个音调。而在英语等一些语言中，则较少使用音调来改变单词的语义。

(2)音质

音质是指不同声源在发出同一音高的声音时，其固有频率和振幅组合的不同，使得它们在听觉上有所区别的声音特性。音质是声音的一个重要特征，也是区分不同声音的重要依据之一。

通常情况下，相同的音高在不同乐器或人声中会呈现出不同的音质。这是因为不同的声源发声时，除了基本频率外，还会同时发出一些泛音或上声波。这些泛音相对于基本频率的幅度和相位关系不同，因此形成了不同的谐波结构，导致了不同的音质。此外，音质还受到声源的共振腔的影响，共振腔是指声音通过喉咙、口腔、鼻腔等空腔时，空腔的大小和形状对声音的影响。

(3)音响

音响是指一种声音的放大、处理、调节和扩散的设备或系统。它包括多个组成部分，如音源、调音台、功放、扬声器等。音响系统可以用于各种场合，如音乐会、演讲、录音、电影等，以提供高质量的声音效果。同时，随着科技的发展，数字音响也越来越流行，使用数字信号处理技术来提供更高保真度的声音。

(4)音长

音长是指发音的持续时间，也就是说一个音在发音时持续的时间长短。在语音学中，音长是一个非常重要的音系特征，不同的语言和方言中，音长的运用也存在着很大的差异。

3.语音的社会属性

除了语音的生理属性，语音还具有一定的社会属性。语音在不同的语言和方言中有着不同的发音方式和发音规则，同时也反映了不同的社会、文化和地理环境。人们根据自身所处的语言和文化环境的差异，会形成自己的发音特点和习惯，这些差异会通过语音的传播和交流不断地扩散和发展。因此，语音不仅是个体的生理产物，还是社会文化的反映。在不同的社会和文化环境中，语音也可能成为社会地位、文化认同和群体归属的标志，如口音、方言和语言的发音规范等。

（二）语音学

1.语音学的定义

语音学是语言学的一个分支，研究的是语音系统及其规律。它主要关注的是语音的发音、音位、音韵、音系等方面的问题，以及语音在语言交际中的功能和作用。语音学运用声学、生理学、心理学等学科的知识和方法，探究语音现象的本质、规律和变化，旨在加深人们对语言和语音的理解和认识。

2.语音学的分类

语音学按照研究的内容和方法可以分为多个子学科，如下所述。

①语音学基础：主要研究语音学的基本理论、原理、概念和方法，包括语音学的历史、研究方法、语音学音素学、语音学形态学、语音学韵律学等。

②语音学实验：主要通过实验手段对语音学的各种问题进行研究，包括语音感知、语音产生、语音识别、语音合成等。

③语音学描述：主要通过实地调查和观察，对各种语音现象进行记录和描述，形成语音学的词汇、语音系统等，包括语音学田野调查、方言学、口音学等。

④语音学应用：主要将语音学的理论和方法应用到实际问题中，包括语音识别、语音合成、声学语言学、语音障碍治疗、语音学教学等。

⑤语音学变异学：研究语音在不同语境中的变异情况，如年龄、性别、社会地位等因素对语音产生的影响。

⑥语音学社会学：研究语音和社会文化因素之间的关系，如语言和社会阶层、语言和地域文化等。

⑦语音学心理学：研究语音在人类心理认知中的作用和影响，如语音的感知、记忆、理解和表达等。

总之，语音学是一门综合性较强的学科，涉及范围广泛，包含多个子学科。

3.语音学的作用

语音学是语言学的一个分支学科，主要研究语音的产生、传播、接受和分类等方面。语音学的作用可以从以下几个方面来描述：

①促进语言教学和学习：通过语音学的研究，可以更好地理解和掌握语音系统，提高语音教学和学习效果。

②改善语音技能：语音学可以帮助人们提高语音技能，包括发音准确度、语音节奏、语调等方面。

③语音识别和语音合成：语音学对于语音识别和语音合成技术的发展有着重要作用。它可以帮助人们开发出更加高效准确的语音识别和语音合成技术。

④文字转语音技术：语音学可以为文字转语音技术的研发提供基础和理论支持。

⑤语音技术在社会生活中的应用：随着语音技术的不断发展，它在日常生活、商业和工业等方面的应用也越来越广泛，如智能语音助手、语音识别系统等。

综上所述，语音学在语言学以及现代科技的发展中都有着重要的作用。

4. 语音学与音位学

语音学和音位学是密切相关的学科，它们都是研究语音的学科，但是它们的研究对象和研究角度略有不同。

语音学是研究语音的生理学和物理学性质以及语音的声学特性的学科，其研究内容包括语音的产生、传播和接收等方面。语音学强调的是语音作为声音现象的客观存在，着重分析语音的声音特征、发声原理、声带的振动方式、共鸣腔的影响等。

而音位学则是研究语音在不同语言中的功能和语义的学科，其研究内容包括语音的区别、组合和变化规律等方面。音位学关注的是语音在语言交际中的语义和作用，例如，不同的语音在某些语言中可能代表着不同的语义或语法关系。

总之，语音学和音位学都是语音研究的重要分支，它们相辅相成，对于研究语音的生理学、物理学、声学特性以及语音在语言中的功能和语义都具有重要的作用。

二、语音特征

语音特征是指语音信号中具有可以被量化的特性，通常包括以下几个方面：

①频率：语音信号中的声波频率可以表示为赫兹数，即每秒震动次数。频率不同的声波会产生不同的音高，即不同的声音。

②振幅：语音信号中的声波振幅可以表示为分贝数，即声音的大小或强度。振幅不同的声波会产生不同的音量，即不同的响度。

③时长：语音信号中的声波时长可以表示为秒数，即声音持续的时间。时长不同的声波会产生不同的音长，即不同的持续时间。

④音色：语音信号中的声波音色可以表示为频率成分的强度和相位，即声音的品质或特征。不同的音色会使得相同的声音听起来不同。

这些语音特征是语音信号中可以被测量和研究的方面，对于语音学的研究和应用都具有重要意义。

（一）语音特征的基本性质

语音特征的基本性质主要包括以下几点：

①非离散性：语音特征是连续的，不是离散的。例如，在发音过程中，音素之间不存在明显的分割点，而是呈现出连续的声波形式。

②相对性：语音特征是相对的，不能孤立地被理解。同一音素在不同的语音环境中可能呈现出不同的音质特征。

③多样性：语音特征是多样的，不同的语音特征组合可以构成不同的音素和语音。

④可测性：语音特征是可测量的，可以通过科学仪器或计算机软件进行测量和分析。

⑤语言相关性:语音特征与语言紧密相关,不同语言的语音特征有所不同,不同的语音特征也会影响语言的理解和表达。

(二)常见的语音特征

1. 同化特征

同化是指一个音素受到邻近音素的影响而发生音值上的改变。具体来说,当两个相邻的音素在发音过程中出现时,由于相互作用,其中一个音素可能会发生一些语音特征上的变化,以适应另一个音素的特征。同化可以是部分同化,即只有一部分的语音特征发生变化;也可以是完全同化,即所有的语音特征都发生了变化。

同化是自然语言中广泛存在的一种语音现象,是语音学研究的重要内容之一。对于语音的分析和描述,必须考虑同化对语音的影响。同时,在语音教学和语音训练中,也需要注意同化现象的存在,以便更好地理解和掌握语音规律。

2. 省音特征

省音特征是指语音中因为发音的便利和习惯,一些元音或辅音在特定的环境下被省略或缩短的现象。这种现象在各种语言中都存在。例如,在英语中,单词“know”中的“k”音会被省略掉,读作/nəu/;在汉语中,许多方言中的儿化音现象也属于省音特征的范畴。这种现象虽然影响了语音的准确性,但是在日常生活中很常见,也是语言交际中的一种普遍现象。

三、超音段特征

(一)重音

重音是指一种发音上的强调,即在一个词中,有一个音节发音比其他音节更加明显、响亮和有力。不同的语言中,重音的位置和形式都有所不同,例如,英语中的重音通常出现在单词的第一音节、第二音节或倒数第二音节,而汉语中的重音则是通过声调来体现。

(二)声调

声调是指在一定的音高和音强上发出的不同语音,能够区分出不同的意思。例如,汉语中的“mɑ”在不同的声调下可以表示不同的意思,如“妈”“麻”“马”等。

(三)语调

语调是指在一个句子中,不同部分的声调变化以及整个句子的语气变化。语调能够反映说话者的情感、语气以及语句的信息结构等。

(四)停顿

停顿是指语音中的短暂停顿,能够帮助说话者表达语句的节奏和语气。停顿可以分为句内停顿和句末停顿两种,句内停顿可以帮助划分句子结构,而句末停顿则能够表达语句的完结感。

(五)音节

音节是由一个或多个音素组成的发音单位,它是词语的基本组成部分。不同的语言中,音节的结构和发音方式都有所不同,例如,英语中的音节通常由辅音和元音组成,而汉语中的音节则可以由声母、韵母和声调组成。

这些超音段特征在语言中起着至关重要的作用，能够帮助说话者传递准确、清晰、流畅的信息，使语言交际更加高效、便捷。

第二节　英语词汇学

一、词汇与词汇学

（一）词汇

目前语言学界一般从以下三个角度对“词”进行界定：

①语法角度：从语法的角度看，“词”是一个基本的语法单位，是构成句子的最小单位，具有一定的词类（名词、动词、形容词等）和语法功能（主语、宾语、谓语等）。

②语义角度：从语义的角度看，“词”是语言中具有独立语义的最小单位，可以单独使用或者和其他词组合，具有指称对象的能力。

③语音角度：从语音的角度看，“词”是一段有限长度的语音单位，有明确的开始和结束，并在语音上表现为一个整体。

这三个角度分别强调了词的语法、语义和语音属性，从不同的角度揭示了词这一语言单位的本质特点。

1. 词是自然的可界定单位

从这个角度来看，词是语言中具有独立语义的、可作为自然的可界定单位的最小语音单位。这种界定基于词在口头语言和书面语言中的存在形式，即一些具有语义的、可单独发音或书写的语言单位，比如“人”“书”“跑”等。这种定义方法是基于对语言的实际观察和分析，它可以用来区分一个语言中不同的语音单位，帮助人们更好地理解语言的结构和规则。但是这种定义方法也存在一些问题，如有些词可以分成几个部分，如“汽车站”，这就需要结合其他定义角度来综合考虑。

总之，从这个角度来看，词是语言中的基本单位之一，它是一种具有独立语义的、可作为自然的、可界定单位的最小语音单位。

2. 词既是普通用语也是专门术语

词不仅仅是普通用语，也是专门术语。在专门领域中，特定的术语往往具有特殊的含义和用法，这些术语在不同领域中也可能有不同的定义。而在日常生活中，我们使用的是普通用语，这些用语通常具有更广泛的语义和用法，也更加通俗易懂。无论是专门术语还是普通用语，它们都是词汇的一部分，都是语言的基本单位之一。

3. 词是语法单位

在语法上，词可以被视为一种基本的语法单位，用来构建更复杂的语法结构。在句子中，词通常被用来表示特定的语法功能，如主语、谓语、宾语、定语等。在不同的语言中，词的语法功能和形式有所不同，但它们都起着重要的语法作用。例如，在英语中，动词通常用来表示谓语，名词用来表示主语和宾语，形容词用来表示定语，副词用来表示状语，等等。

（二）词汇学

词汇学是语言学的一个分支，主要研究语言中的词汇，包括词汇的构成、形态、词义、词汇的语法作用以及词汇的语用功能等。词汇学研究的对象是词汇，而词汇是语言的基本组成单位之一，是表达语义的基本符号。在词汇学的研究中，会从不同的角度对词汇进行分析和描述，如语义学、形态学、句法学等。词汇学的研究对于深入理解语言的本质和提高语言能力都具有重要的语义。

词汇学的研究内容涉及以下几个方面：

①词汇的定义和分类：词汇的定义涉及词汇的内涵和外延，而词汇的分类则是基于词汇的内在结构和语义特征进行的，如按照词性、词义、构词方式等分类。

②词汇的构成：词汇的构成涉及前缀、后缀、词根、派生等构词方式，以及合成、缩略、借词等其他构词方式。

③词汇的形态学特征：词汇的形态学特征主要包括词形变化、词义变化和词序等方面，如词的单复数、时态、语态、比较级等。

④词汇的语义学特征：词汇的语义学特征涉及词汇的义项、义域、义理、义位等方面，以及词汇之间的语义关系，如同义词、反义词、近义词、上下义词等。

⑤词汇的使用和习得：词汇的使用和习得研究主要涉及词汇的语用功能、词汇的语境依存性、词汇的认知过程和词汇的习得规律等方面。

总之，词汇学作为语言学的一个重要分支，对于语言的理解和分析具有重要的作用，对于语言的教学和翻译也有着重要的指导作用。

二、词的分类

（一）可变化词和非变化词

在语言学中，根据其在句子中是否具有词形变化来划分，词可以分为可变化词和非变化词。

可变化词是指在不同的语法功能和语境下，会出现不同的词形变化，如名词的复数、动词的时态和人称等。可变化词可以帮助表达句子中的主语、谓语、宾语等语法成分，并且可以提供更多的信息。例如，“cat”是一个可变化词，当我们要表达多只猫时，需要将其变为复数形式“cats”。

非变化词是指在不同的语法功能和语境下，不会发生词形变化的词，如代词、介词、连词和副词等。这些词的形式通常是固定的，但在句子中起到重要的功能作用。例如，“she”是一个非变化词，它在不同的语法功能下形式不变，但可以指代不同的人。

需要注意的是，有些语言中的可变化词和非变化词的划分可能不完全相同。

（二）词汇词和语法词

词汇词和语法词是指在语言中扮演不同角色的两类词汇。

词汇词也称实义词或内容词，通常指具有实际语义、能够描述具体事物或抽象概念的词汇，如名词、动词、形容词和副词等。词汇词在句子中的作用主要是充当主语、宾语、谓语、补语等成分，从而表达出完整的语义。

语法词也称虚词或结构助词，通常指一些没有实际语义、主要用来构建句子语法结构的词汇，如冠词、代词、介词、连词和情态动词等。语法词在句子中的作用主要是连接或修饰实义词，从而起到“连接句子”或“调整句子语法结构”的作用。

需要注意的是，某些词汇可能既可以作为词汇词，也可以作为语法词，具体使用方式取决于上下文和语法结构的需要。例如，动词“do”可以用作实义动词表示“做”“进行”，也可以用作辅助动词表示疑问、否定等语法功能。

（三）封闭类词和开放类词

在语法学和词汇学中，词可以分为封闭类词和开放类词。

封闭类词，也称为功能词，是指表示语法关系、虚词和其他语法连接词等在语言中数量有限、语义相对固定的词汇。它们在语言中的位置比较固定，很少新增或减少，而且通常不会产生新的语义。例如，冠词、代词、介词、连词、助动词等。

开放类词，也称为实词，是指代表具体事物、抽象概念、状态、行为、性质等在语言中数量较多、语义相对灵活的词汇。它们在语言中的数量较多，常常新增和减少，并且能够产生新的语义。例如，名词、动词、形容词、副词等。

封闭类词和开放类词在语言中的作用不同，封闭类词的作用主要是表达语法关系和语言连接，而开放类词的作用则是表达语义和信息。在语言学研究中，封闭类词和开放类词的区分有着重要的意义。

（四）词类

词类是指一组词在语法上具有相似的性质和功能的分类。不同的语言中，词类的分类标准和名称可能不尽相同，但通常都包括名词、动词、形容词、副词、代词、介词、连词、助词等。词类的划分主要依据以下几个方面的特征：

①语义特征：即词语所表示的意义，如名词表示人、事、物等实体，动词表示动作、状态等，形容词表示性质、特征等。

②语法特征：即词语在句子中所扮演的角色和所具有的句法特征，如动词具有时态、语态等特征，名词可以用于主语、宾语等成分。

③词形变化：即词语的曲折变化或派生形成的方式，如动词的时态和语态的变化，名词的复数形式的变化等。

④句法功能：即词语在句子中所起的作用，如主语、宾语、定语、状语等。

词类的划分是语法学的基础，对于语言学习和语言教学都具有重要意义。

1. 助词

助词是一类在语法上起辅助、连接、标志等作用的虚词，通常用来表达语气、时态、语态、否定等语义。助词是语法范畴的一种，根据不同的语言和语言学家的分类标准，助词的种类和数量都可能有所不同。例如，在汉语中常见的助词有"的""地""得""了""着""吗""呢"等。

2. 助动词

助动词，也称为"辅助动词"，是一种用来构成复合时态、进行时态、完成时态等的动词。在英语中，常见的助动词有 be、do、have 等。它们在句子中通常位于主语和主要动词之间，起到一些语法上的辅助作用，如疑问句的转换、否定句的构成等。例如：

He is flying a kite.（他正在放风筝。）

Is he flying a kite?（他在放风筝吗？）

He has flown a kite.（他已经放过风筝了。）

He hasn't flown a kite.（他没有放过风筝。）

3. 代词形式

代词是一种词类，用于代替名词，起到简化表达和避免重复的作用。代词的形式可以分为主格、宾格、所有格和反身形式。

主格代词通常用于作为主语或表语，例如，I（我）、you（你）、he（他）、she（她）、it（它）、we（我们）、they（他们/她们/它们）。宾格代词通常用于作为宾语或介词后面的宾格，例如，me（我）、you（你）、him（他）、her（她）、it（它）、us（我们）、them（他们/她们/它们）。

所有格代词表示所有关系，例如，mine（我的）、yours（你的）、his（他的）、hers（她的）、its（它的）、ours（我们的）、theirs（他们/她们/它们的）。

反身代词表示主语自己做了某件事情，例如，myself（我自己）、yourself（你自己）、himself（他自己）、herself（她自己）、itself（它自己）、ourselves（我们自己）、themselves（他们/她们/它们自己）。

4. 限定词

限定词是指放在名词前面用来限定、修饰名词的词类。常见的限定词有冠词、指示代词、不定代词、所有格等。它们在句子中起到具体化、特指或泛指等作用。

三、词的结构

词素是构成词的最小单位，具有语音和语义的双重特征。在语音上，词素是可以被分离出来并单独发音的最小单位，如单词"dogs"可以分为两个词素"dog"和"s"；在语义上，词素是具有独立语义的最小单位，如单词"unusual"可以分为"un-"和"usual"两个词素，"un-"表示否定，"usual"表示寻常的。词素的概念对于理解词的构成和词义的形成非常重要。

（一）自由词素与粘着词素

在词素的分类上，可以根据其在构成单词时的特点将词素分为自由词素和粘着词素。

自由词素是指可以单独构成一个单词的词素，如"bag"中的"bag"词素。这类词素一般表示一定的概念或者语义，能够单独出现，具有较强的自主性和独立性。

粘着词素是指不能单独构成单词的词素，只有和其他的词素结合起来才能构成单词。这类词素一般只有表示语法语义和形式语义的功能，不能单独使用，必须粘着在其他词素上才能发挥作用，如汉语中的“的”“了”“地”等，英语中的“-ed”“-ing”、“-s”等。这些词素的作用是在单词中起到语法关系的连接作用，用来表示时态、人称、数、性别等语法信息。

（二）派生词素与曲折词素

在词素的基础上，语言可以通过派生和曲折来创造新的词汇。派生是指在一个词素的基础上，通过添加前缀、后缀、中缀等来创造新的词汇的过程。派生词素就是用来形成派生词的词素。例如，useful 是一个词素，通过在其前缀添加“un-”就可以形成反义词 unuseful，这里的“un-”就是一个派生词素。

曲折是指在一个词素的基础上，通过语音变化、音位变化、形态变化等来创造新的词汇的过程。曲折词素就是用来形成曲折词的词素。例如，英语中的 tooth 和 teeth 就是一个词素，在复数形式中通过元音变化来进行曲折变化。

第三节　英语语法学

一、语法与语法学

语法是一门研究语言中词与词之间关系及其结构的学科，主要涉及语言的句法、词法和语音。语法的本质是规则和约定的体系，它规定了一种语言中各个语法单位的形态和用法，使得一种语言能够被有效地运用。语法系统是人类在使用语言时所遵循的规律和约定，是对语言运用的系统性和规则性的表现。

语法学则是对语法进行系统研究的学科，它包括对语法结构、语法规则、语法现象等方面的研究。语法学的目标是探讨语法的本质、语法规则的结构、语法现象的变异及其原因、语法规则的使用和习得等问题，以此加深对语法的理解，为语言教学和语言处理技术的发展提供理论基础。

从这个语义上说，语法和语法学是相互关联的，但又具有一定的区别。语法注重于实际语言的运用，是对一种语言的系统性规则和约定的总结和描述，而语法学注重于理论研究，是对各种语言普遍规律和范式的总结和比较；语法强调语言的实际运用，而语法学强调语言的普遍规律和规则性。

总之，语法和语法学都是语言学中不可或缺的重要组成部分，它们的研究可以为我们更好地理解语言提供帮助，并对语言教学和语言处理技术的发展作出贡献。

（一）语法的定义

1. 语法的发展阶段

语法的发展主要经历了以下三个历史阶段。

(1)第一阶段

第一阶段从16世纪后期到17世纪中期,这个阶段的语法完全依赖于拉丁语。这个阶段有很多语法书出现,但是这些语法书大都是用拉丁语写的,显然这些书不是教学使用的,而只是作者生搬硬套拉丁语的语法到英语上的。

(2)第二阶段

这个阶段的英语语法领域有了新的突破,从17世纪后期至19世纪中后期,规定性英语语法出现。为了实现英语的规范化和标准化,1755年约翰逊率先编著了第一部英语词典。这部词典对英语词汇的发音、拼写、释义和用法都做了统一标准的规定,这部词典标志着现代英语标准语的正式开始。这一阶段英语语法着重研究词法而对句法研究重视不够。

(3)第三阶段

19世纪末,规定性语法受到了描写派语法的挑战,描写派主张将英语语法现象总结起来,构成英语特有的语法体系。描写性语法强调观察之后的总结和发现,在对客观存在的语法现象进行观察之后,用总结的方法来形成自己独特的语法规则,而不是生搬硬套其他语言的语法规则所谓描述性语法就是对所存在的语法现象进行客观描述。

2.与语法相关的理论

(1)结构语法理论

结构语法理论,也称为构式语法理论,是一种基于结构和关系的语法理论,强调语言结构的重要性,将句子视为一个结构体系,通过对词类和句法关系的分析来描述句子的结构。

结构语法理论认为,句子是由一个中心词或核心词和其他修饰词或成分组成的结构体系。中心词通常是动词或名词,其他修饰词或成分则为形容词、副词、介词短语、从句等。这些组成句子的词和成分之间通过一定的句法关系联系起来,这些关系包括主谓、宾语、定语、状语、补语等。

在结构语法理论中,句子的结构被看作是语法规则和句子结构的产物,这些规则描述了语言中的各种结构和规律。因此,结构语法理论强调语言的结构性和规律性,认为语言是一种具有系统性的结构。

结构语法理论的代表性人物有美国语言学家布隆菲尔德和霍奇斯等。他们提出了构式语法理论,认为语言的结构由一系列构式组成,这些构式是一种稳定的语言结构,包括词序、词汇形式、成分结构等。构式语法理论将语言的结构分为句法结构和语义结构两个层面,强调语法和语义之间的关系。

总之,结构语法理论通过对语言结构的分析来研究语言的规律和系统性,是现代语法学的重要分支之一。

(2)转换生成语法理论

转换生成语法是由美国语言学家诺姆·乔姆斯基于20世纪50年代提出的语法理论,也被称为生成语法。

转换生成语法主张语言的生成是基于一系列有序的规则,这些规则可以转换一种语言结构形式为另一种。该理论强调人类语言能力的创造性,即语言的创造并不是基于语言的环境刺激，而是由人类内在的语言能力所主导。

转换生成语法理论的核心是“生成”的概念，即将简单的语言结构生成复杂的语言结构。这个过程是由语言的核心成分(词汇、语法规则和转换规则)来完成的。词汇成分用来生成基本的句子成分，语法规则和转换规则用来生成复杂的句子成分。在这个过程中，语法规则用来确定语言的结构形式，而转换规则用来将一种结构形式转换为另一种。

转换生成语法理论的一个重要贡献是提出了普遍语法理论，即所有语言都具有某些共同的结构规律。这个理论强调语言结构和语言能力的普遍性，提出了语言规则的普适性和语言结构的本质共性，促进了语言学的发展。

(3)认知语法理论

认知语法理论是一种基于人类认知过程的语法理论，它认为人类语言能力是由人类大脑的认知能力所决定的。认知语法理论强调语言的符号系统是建立在人类认知机制的基础之上的，并通过模拟人类思维过程来解释语言的结构和语法现象。

认知语法理论的核心观点包括以下几个方面：

①语言能力是人类认知机制的一部分。人类使用语言的过程，不仅仅是基于语法规则的机械应用，更是基于人类认知的抽象、分类、归纳、推理等高级思维过程。

②语法结构反映了人类思维和认知结构。认知语法理论认为，语言的结构和规则反映了人类思维和认知结构，语法是人类认知的表达和映射，是思维过程和语言结构之间的联系。

③语言是建立在经验和感知基础上的。认知语法理论认为，语言的发展和演变是建立在人类经验和感知基础之上的，人类通过感知和经验不断地形成和调整语言系统，语法规则也是随着人类经验和感知的变化而不断演化的。

④语言结构是动态变化的。认知语法理论认为，语言结构是动态变化的，语法规则的演变和语言变化是不断进行的过程，随着人类经验和认知能力的不断提高，语言的结构和规则也会不断地发生变化。

总之，认知语法理论是一种基于人类认知机制的语法理论，通过对人类思维过程和认知结构的模拟，来解释语言的结构和规则，强调语言的符号系统是建立在人类认知机制的基础之上的。

(二)语法学

1.语法学的相关概念

语法学是研究语法规则的学科，它主要研究语法规则的性质、结构和功能，以及这些规则是如何被形成、学习和使用的。语法学主要包括以下几个方面。

①句法学：研究句子的结构和成分之间的关系，包括短语结构语法和依存语法等。

②语音语法学：研究语音和语法之间的关系，包括声调、语调、音位和音节等方面的语法规则。

③语义语法学：研究语法规则与语义之间的关系，包括语义角色、语法范畴和语用等方面的语法规则。

④语用学：研究语言使用的规则和机制，包括语用推断、语用调节和言语行为等方面的规则。

此外，还有一些其他的语法学分支，如比较语法学、历史语法学、心理语法学等。

总之，语法学是研究语法规则的学科，它不仅可以帮助我们深入理解语言的本质和特点，也可以帮助我们更好地使用语言，进行有效的沟通和交流。

(1)语法学

语法学是研究语言中各种结构规律和语言符号之间相互关系的学科。它是语言学的一个分支，旨在描述、分析和解释语言的结构和规则，包括句法、词法、语义等方面的内容。与其他语言学分支不同的是，语法学不仅关注语言的表面形式，还关注语言的内部结构和规律，以及语言符号之间的相互作用和影响。

在语法学中，主要有句法学、词法学和语义学等。句法学研究的是句子的结构和组成规律，包括句子成分的构成、句子的语序和语法关系等；词法学研究的是词汇的结构和形态变化规律，包括词的构词法、词性和词形变化等；语义学研究的是语言符号的语义和含义，包括词汇的词义、句子的语义关系和逻辑关系等。

语法学的研究方法包括描述、比较、归纳、演绎等多种方法。通过对语言结构和规律的研究，语法学为语言教学、翻译和计算机语言处理等领域提供了重要的理论基础。

(2)零度与偏离

在语言学中，零度是指一个语言现象在特定情况下被理解为标准、规范的情况，而偏离则是指在特定情况下，这个语言现象和标准、规范存在偏差。这种偏离可以是语音、语法、语义等方面的。

举个例子，中文中的“了”字在表示过去完成时时通常出现的，这种情况被视为“零度”，因为它符合中文语法规范。但是在某些方言中，“了”字在表示未来时也可以出现，这就是“偏离”，因为它与中文语法规范不一致。

在语言学研究中，零度和偏离的概念有助于研究不同语言现象的普遍性和特殊性，有助于理解语言规范和语言变异的关系。

2.语法学的影响变量

语法学的影响变量包括以下几个方面：

①语言接触：不同语言的语法规则会在语言接触时相互影响，产生语法上的变化和演变。

②文化背景：语法规则往往与特定的文化背景有关，如不同语言中的礼貌用语和语言习惯。

③个体差异：不同个体的语法能力和使用习惯会导致语法表达的差异。

④时代背景：社会的历史和文化背景也会对语法规则产生影响，如现代汉语与古代汉语在语法上的差异。

⑤语言变异：语言的演变和变异也会导致语法规则的改变，如现代汉语中的动词的时态变化。

这些影响变量相互作用，会影响语法规则的演变和变化。语法学家需要对这些影响变量进行研究，以了解语法规则的变化和发展。

二、语法结构

在语法结构的外部句法特征中，线性结构是最为基本的一种结构形式。线性结构是指语言中的单词和短语在句子中呈现出的线性排列结构。例如，英语中的主语、谓语和宾语通常以一定的顺序排列，如 We do our homework.（我们做作业。）这里主语 We 出现在谓语 do 之前，而宾语 our homework 出现在谓语之后。此外，一些词汇和短语在句子中也具有一定的固定位置和顺序，如副词通常放在动词之前，形容词通常放在名词之前。

除了线性结构，句子的层析结构也是一种重要的语法结构外部特征。层析结构是指句子中的各个成分以及它们之间的关系所形成的结构。例如，在英语中，句子的主干通常由主语和谓语构成，而其他成分如宾语、定语、状语等，则会添加到主干中形成更为复杂的结构。这些成分的层次结构通常是由语法规则来规定的，如名词短语通常由一个名词和一个限定词构成，动词短语通常由一个动词和一个名词短语或一个副词构成。

总之，语法结构的外部句法特征是指语言中单词和短语在句子中的线性排列和各种成分之间的层次结构。这些特征由语法规则来规定，对于理解和生成语言都非常重要。

（一）句子的线性结构

句子的线性结构是指句子中词语按照一定的顺序排列所形成的结构。在一般的语言中，句子的线性结构是由主语、谓语、宾语、状语等基本成分组成的。这些基本成分通常是按照一定的语序排列，不同的语言有不同的语序。

在句子的线性结构中，词语的排列顺序不仅影响到句子的语法结构，还会影响到句子的语义。例如，英语中，“The boy eat the bread.”和“The bread eat the boy .”两句话虽然只是主语和宾语的位置颠倒了，但它们的语义完全不同。

另外，句子的线性结构还与语言的语调有关。在一些语言中，词语的语调也会影响它们在句子中的位置。例如，在汉语中，重要的词语通常会放在句子的开头或结尾，而不是中间。

总之，句子的线性结构是构成句子的基本成分按照一定顺序排列形成的结构，它不仅决定了句子的语法结构，还会影响句子的语义和语言的语调。

（二）句子的层析结构

句子的层析结构是指句子在语言学中的层级结构，即句子中包含子句、短语、词和词素等层级结构。在层析结构中，句子可以被分解为若干个成分，这些成分之间存在着明确的层次关系和语法关系。

在传统语法中，通常将句子分解为主语、谓语和宾语三个成分。但是，随着语言学研究的深入，人们发现这种分解方式过于简单，无法解释许多语言现象。因此，现代语法学将句子分解为更多的成分，如名词短语、动词短语、介词短语等。

句子的层析结构具有以下特点：

①分层次性：句子中的各种成分可以被分解为更小的成分，这些成分之间存在着明确的

层次关系。

②组合性：各个成分通过特定的语法规则组合在一起，形成更复杂的结构。

③语义递进性：句子中各个成分的语义递进关系可以反映在层析结构中。

④可替代性：句子中的某些成分可以被替换为其他成分，而不影响整个句子的层析结构。

总之，句子的层析结构对于语法分析和语言理解都具有重要意义，可以帮助人们更好地理解句子的语法结构和语义。

三、句法功能

（一）基本功能术语

在句法中，主要的功能术语包括：

①主语：在句子中表示动作的执行者或所讨论的事物。

②宾语：在句子中表示动作的承受者或所描述的事物。

③谓语：在句子中表示动作或状态的核心成分。

④修饰语：在句子中修饰其他成分，如形容词、副词、介词短语、从句等。

⑤补语：在句子中用来补充或说明谓语或宾语的成分，包括宾语补语、主语补语、表语等。

除了上述基本功能术语之外，还有一些其他的功能术语，例如：

①状语：表示时间、地点、方式、原因等的成分，一般位于句子的谓语之后。

②定语：修饰名词或代词的成分，一般位于被修饰的名词或代词之前。

③独立主格：独立于句子主谓之外的一种结构，表示时间、原因、条件等，一般由名词或代词和相应的形容词或副词组成。

在语法中，词类与功能之间存在着密切的联系。同一个词语在不同的语境中可能会担任不同的功能。例如，在下面两个句子中：

她会唱歌。

明天我会去上海。

在第一句中，“会”是动词，表示“能够”的意思；而在第二句中，“会”则是情态动词，表示“将要”或“可能”的意思。因此，在语法分析中，不仅要考虑每个词的词类，还要根据上下文和语言规则来确定它所担任的具体功能。

（二）词类与功能间的关系

词类与功能之间有一定的对应关系，但并不是绝对的。同一词类的词在不同的句子中可能扮演不同的功能，而同一功能也可以由不同词类的词来扮演。下面是常见的词类与功能的对应关系：

①名词：通常作为主语、宾语、表语等。

②动词：通常作为谓语。

③形容词：通常作为定语或表语。

④副词:通常作为状语。

⑤代词:通常作为名词的替代,也可以作为主语、宾语等。

⑥数词:通常作为名词的修饰语。

⑦冠词:通常作为名词的限定词。

⑧介词:通常用于表示时间、空间等关系。

⑨连词:通常用于连接两个句子或词组。

⑩感叹词:通常用于表达情感或强调。

需要注意的是,不同语言的词类与功能之间的对应关系可能存在差异。此外,同一词类的词也可能在不同的语言中具有不同的功能,这与语言的语法规则以及语言文化背景等因素有关。

第四节　英语语义学

一、语义与语义学

语义学是研究语言中的语义的学科。它探究的是语言中单词、短语、句子以及更大的语言单位所表达的语义,以及这些语义之间的关系。语义学旨在解决语言表达的语义是如何形成的、如何理解的以及如何在不同语境下变化的问题。同时,语义学还探讨了语言的逻辑、概念、符号、象征等方面的问题。

(一)语义

1.语义的定义

语义是指语言符号所具有的意义,即语言中单词、短语、句子等语言单位的意义。它是语言的重要组成部分,能够帮助人们理解和表达信息,是语言交流和理解的基础。

①指语言文字或其他信号所指代的内容,如"'打秋风'这个惯用语的语义是什么?"其中的"语义"指的是某个语言符号的语义。

②指某种作用或者价值,如"新实验室建成",其中的"语义"指的是价值。据此,语言的语义也有以下两层含义:

第一,指某些语言符号所指代的内容,如语素(实语素)、词(实词)、短语、句子等都有具体的内容。

第二,指某些语言符号的价值,如一些只表达语法语义的语言符号(如虚词、词的曲折变化),当我们谈及语义的时候,既包含有实在语义的语言符号的语义,也包含没有实在语义的语言符号的语法语义。

2.语义的性质

①语义的符号性:语义是通过符号表达的。符号可以是语音、文字、手势、图像等形式。不同的语言和文化可以采用不同的符号来表达相同的语义。

②语义的复合性：语义是由多个元素组合而成的，这些元素可以是单词、短语、句子等。通过不同的组合方式，可以表达不同的语义。

③语义的抽象性：语义是抽象的，它与具体的物体或事物没有直接的关系。

④语义的隐性：语义中有很多隐含的语义，需要通过上下文和语境来理解。

⑤语义的多义性：同一个词语或表达方式可能有不同的语义。这种多义性可能是词语本身的歧义，也可能是上下文造成的。

⑥语义的变化性：随着时间和社会环境的变化，语言的语义也会发生变化。

综上所述，语义具有符号性、复合性、抽象性、隐性、多义性和变化性等基本性质。

3. 语义的单位

语义单位包含义项、义素、义丛和表述四个部分，这些语义单位与语音、语法、语言和言语都有着密切的关系。以下就对这几项语义单位进行具体分析。

(1)义项

义项是词汇或短语在不同语境下所表达的不同意思，每个义项都对应着一个特定的语义概念。例如，汉语中的“银行”可以有存款机构、河岸等不同的义项。在词典或语料库中，通常会将一个词汇或短语的不同义项分别列出，并给出相应的例句和解释。对于自然语言处理等领域的研究来说，准确地识别和理解词汇或短语的不同义项是十分重要的。

①义项是由语汇形式表示的。义项是由语汇形式所表示的不同语义，通常是同一个词在不同上下文中具有不同词义。

②义项是概括、固定的语义单位。义项是从词语的各种用法中概括出来的固有、概括的语义，不包括在特定的语言环境中的临时、特殊、具体的语义。

③义项是能独立运用的语义单位。义项是能独立运用的语义单位，也就是说无论是单义词还是多义词，每一个义项都能独立运用。义项不仅包括概念语义，还包括附着在概念语义上的各种附加语义。附加语义必须和概念语义一起使用，而不能单独使用，因此，附着在概念语义上的附加语义不是独立的义项，而是和概念语义一起构成义项。

(2)义素

义素又称“语义成分”“语义特征”“语义标示”或者“语义原子”，是从一组相关的词语中抽象出来的区别性语义特征，是构成义项的语义成分。

传统语言学对词语语义的分析一般到义项就截止了，现代语言学则进一步将义项分析为若干义素的组合。义素是构成语义的最小单位。其中“＋”表示具备某项义素的特征，而“－”表示不具备某项义素的特征。“±”表示具备两项对立义素中的一个。

(3)义丛

义丛是由一般短语构成的语义单位，并由若干义项组合而成。有些短语不只存在某一种语义，而这种多义短语的每一种语义就是一个义丛。

义丛一般指不成句的短语表示的语义，成句的短语就是句子，而句子的语义一般不叫义丛，而叫“表述”。

(4)表述

表述是由句子表示的语义单位。一个句子表示的一种语义，就是一个表述。有些句子可以表示几种不同的语义，每一种语义就是一个表述。

需要注意的是，一个句子如果变成另一个句子的短语或者一部分，那么这个句子就不再是一个句子了，它的语义也就不再是一个表述，而属于一个义丛。

(二)语义学

1. 语义学的定义

语义学是一门语言学分支，研究语言符号和其所表达的语义之间的关系，探究词汇、句子和篇章等语言单位的语义，以及语言符号和思维之间的联系。

语义学不仅仅是研究语言语义的学科，还与其他学科有着密切的联系。语义学的研究涉及多个学科领域，其跨学科的性质也使得它有着广泛的应用价值。

2. 语义学的分支

语义学的主要分支包括：

①词汇语义学：研究单词和词汇的语义，包括词义的形成、词义的变化、词义的关系等。

②句法语义学：研究句子结构和语法单位的语义，包括句子的语义组成、句子的逻辑关系等。

③语篇语义学：研究语言的连贯性和上下文的语义，包括语篇的组织原则、语篇中词汇和句子的作用、语篇结构的语义关系等。

④逻辑语义学：研究语言和逻辑的关系，包括语言的逻辑结构、逻辑推理和逻辑关系等。

⑤跨文化语义学：研究不同文化背景下语言的语义，包括语言文化差异、语言在文化中的作用等。

⑥认知语义学：研究语言语义的认知过程，包括语义的认知结构、语义的认知规律、语义的认知心理学机制等。

⑦语义计算：利用计算机技术研究语言语义的处理和表示，包括语义表达、语义计算、语义检索等。

二、语义的特征与分类

(一)语义的特征

①含义多样性：同一个词汇或表达方式可能具有多种不同的含义，这种多样性是语义的一个重要特征。

②上下文依赖性：语言中的语义是非常依赖上下文的，同样的一句话在不同的语境下可能具有不同的含义。

③模糊性：语义在某些情况下可能比较模糊，难以准确地确定具体含义。

④动态性：语义的含义是不断变化的，受到时代、文化等因素的影响，随着时间的推移和使用环境的改变而变化。

⑤继承性：某些语义特征可以从更小的单元继承，如词素和词根等。

⑥语言交际的基础：语义是语言交际的基础，只有通过理解和使用语义才能进行有效的沟通和交流。

1. 语义特征分析的优点

①精度高：语义特征分析可以精确地描述一个概念或词语的语义，包括它的含义、属性、特点等，使人们能够更加准确地理解和使用语言。

②有效性：语义特征分析可以识别和区分概念或词语之间微小的语义差别，使得语言表达更加准确、清晰。

③普适性：语义特征分析可以适用于各种语言和文化背景，有助于跨语言和跨文化的交流和理解。

④统一性：语义特征分析可以将不同的语言表达映射到一个共同的语义空间中，实现语义的统一和标准化，便于语言处理和计算机应用。

总之，语义特征分析是语义研究的重要方法之一，它可以揭示语言现象背后的深层语义规律，有助于人们更好地理解和应用语言。

2. 语义特征分析的局限性

进行语义特征分析可以帮助我们更好地理解词义。在把握词与词之间的语义关系上，语义特征分析发挥着十分重要的作用。但是这种方法并不是完美的，也存在一些局限性，体现在以下几个方面：

①语义特征分析法只给每个语义特征提供了两种可能性："是"或"不是"，但客观世界里很少有这样鲜明的"是"或者"不是"的情况。

②有很多词语的语义都无法用语义特征进行概括，例如，cheer、encourage 和 motivate 这三个词在词义上的差别就很难归结为某个或某几个语义特征的存在与否。

③究竟需要多少语义特征以充分描绘一种语言里全部（或者说大多数）词汇的语义，这个数量还不确定。如果需要的语义特征的数量甚至超过了该语言的词汇量，那么进行语义特征分析的语义就值得怀疑。

（二）语义的分类

语义可以按照不同的标准进行分类，下面介绍几种常见的分类方法。

①词汇语义和句法语义：词汇语义是指单词本身所包含的语义；句法语义是指句子结构和词汇之间的语义关系。

②建构语义和理解语义：建构语义是指语言使用者在生成语言时所依据的语义规则；理解语义是指语言使用者在理解语言时所依据的语义规则。

③词义和句义：词义是指一个词所具有的语义；句义是指一个句子所表达的语义。

④实义和虚义：实义是指具有具体指向的语义，如"动物""植物"等词的语义；虚义是指没有具体指向的语义，如"的""地""得"等助词的语义。

⑤原义和引申义：原义是指一个词最初的语义；引申义是指一个词在语言使用中所逐渐

扩展的语义。

⑥意指和指称:意指是指某个语言符号所表示的语义;指称是指符号所指代的现实世界中的对象。

需要注意的是,不同的分类方法有其各自的特点和应用范围,我们应该根据具体情况进行选择和应用。

1.词汇语义

词汇语义是指词的指称语义或者理性语义,它与客观事物的特征或者现象概括出来的概念是基本对应的。词汇语义具有如下特点。

(1)客观性

客观性是指某种语言符号所表达的语义与其所代表的客观事物或概念之间的关系,这种关系具有一定的客观性。在语言学中,客观性是一个重要的概念,它涉及语言符号与现实之间的关系。语言符号虽然是人类自主创造的,但是它们所代表的事物或概念是客观存在的,具有客观性。因此,语言符号的语义具有客观性,而且不同语言符号所代表的语义之间也存在客观的区别和联系。

客观性是语言的一个重要特征,它使得语言符号具有了语义传递的功能。如果语言符号的语义没有客观性,那么语言的交流就无从谈起。只有当语言符号的语义具有客观性时,人们才能够通过语言符号进行有效的交流和沟通。同时,客观性也是语言符号的一个重要的评价标准,只有那些具有客观性的语言符号才是好的、有效的语言符号。

(2)概括性

概括性是语义的重要特征之一,指语义对事物进行归纳和概括的能力。语义不是孤立的,它涉及语言符号和外部世界之间的关系。语言符号是以类的形式存在的,而世界上的事物也存在着共性和相似性。因此,语义具有将事物进行概括和归纳的能力,这种能力使得人们能够在复杂的世界中进行有效的交流和理解。例如,当我们听到"鱼儿"这个词时,我们能够想象到一类生物,它们生活在水里、用鳃呼吸、会游泳等。这就是语义对事物进行概括的能力。这种能力是语言交流和理解的基础,也是人们进行科学研究的基础。

(3)相关性

相关性是指语义之间存在的联系和关系,即语义的相互作用和影响。语义之间的相关性可以通过语义网络、语义场等概念进行描述和分析。例如,同义词之间具有近义关系,反义词之间具有反义关系,上下位词之间具有包含关系,等等。理解语义的相关性有助于我们更好地理解语言的语义,同时也有助于语言应用和翻译等实践活动。

(4)模糊性

语义学中的模糊性是指语言表达的含义不是绝对明确和清晰的,而是存在一定程度的模糊和不确定性。这种模糊性通常是由语境、文化背景、语言习惯、情感等因素造成的。有些词语或表达在不同的情境下可能有不同的含义,而有些词语或表达的含义可能在某些情境下并不十分明确,需要依赖上下文或其他信息来加以理解。模糊性是语言表达的一种普遍现象，需要通过语言使用者的理解和沟通来消除误解和歧义。

2. 语法语义

语法语义是指语言形式与语法规则之间的关系所表达的语义。也就是说，语法语义是在语言形式符合一定语法规则的前提下所产生的语义。例如，在英语中，动词要与主语在人称和数上保持一致，这种语法规则所表达的语义就是“主语和动词在人称和数上要一致”。因此，当我们看到一个句子中主语和动词不一致时，就能够通过语法规则推断出这个句子所表达的语义可能是错误或者不完整的。这种推断过程就是语法语义的产生。

(1)语法单位语义

主要是范畴语义，如性、数、格、人称、时态等，且具有抽象性与封闭性特征，如“数”的范畴可概括为“单数、双数、复数”；“性”的范畴可概括为“阳性、阴性、中性”等。

(2)语法的功能语义

它是指主语、谓语、宾语等句子成分的语义，以及领属、修饰等关系语义。句子成分可以按照它们在句子中担任的功能进行分类。

(3)句法的结构语义

它包含陈述句、祈使句、疑问句等句型的语义以及词组结构的关系语义等。

总之，语法语义是从词的结构、词组结构、句子结构中抽象出来的范畴更广的概括语义。

3. 修辞语义

所谓修辞语义，是指在特定的语境中的语言表达赋予词语的临时语义，其中包含着语言单位的主观情感，如语体色彩、表情色彩、联想色彩等。

(1)语体色彩

语体色彩是语言应用中受到语言环境制约而产生的，是语言单位的环境色彩。使用语体色彩的目的是适应不同语言交际的需要。场合不同、交际内容和交际目的不同，那么选择的语言材料也会不同，这就形成了语体的差异。一般情况下，书面语体或者科技语体比较精练、典雅、含蓄、庄重、富于严密性和逻辑性，如“What we need is more information about the missing plane.”等；而谈话语体一般比较平易、亲切、幽默、随意、风趣、轻松等，如“We need to know about the missing plane.”等。

(2)表情色彩

表情色彩指说话者对所谈对象的主观感情评价和态度。这种感情有褒扬的，也有贬义的，当然也存在中立的；而态度有直的，也有曲的，有庄严的，也有和谐的，有尊敬的，也有谦虚的。语言单位的表情色彩是随着历史不断形成的，是全民公认的。

(3)联想色彩

联想色彩是从词汇语义中或通过语音中介联想而产生的。不同文化在历史传统、价值取向、思维方式、风俗习惯乃至地理环境等方面的差异，都会使同一词汇在不同的文化语境中产生各自特有的联想语义，其所带有的情感也往往因文化的不同而各异。

例如，数字词语的语义是多层次的，在一定的语境下，某些数字的外部表象(音似或形似)会引起人们许多形象生动的感情联想,产生特定的联想语义,如,汉语普通话中的“八”和“发”韵同声异,“六”和“顺”相谐音,因此很多新婚佳人或是商家企业都喜欢选用“八”或“六”作为婚庆喜日、开张庆典的吉日良辰。甚至在购买汽车号码、电话号码、住宅号码时不惜花费重金,就是为了图吉利。而西方民族却对“Friday”比较忌讳。而中国人对这个数字却没有什么忌讳。

修辞语义既表现在语言单位修辞分化,又表现为语言环境中形成的语境语义,其中语境语义又可分为两种,即上下文语义和社会文化语义。

词汇语义、语法语义和语言单位的修辞分化是语言单位所具有的语义,它客观地存在于语言体系之中,语言的语境语义虽然附着在语言材料之上,但受语言环境制约,不一定是语言单位所固有的,而同上下文和文化背景有关。

三、语义场与语义关系

语义场与语义关系是语义学研究的重要内容,它们揭示了语言的系统性,反映了语义中的各种关系。

(一)语义场

1. 语义场的性质

语义场又称为“词汇场”,是指由若干个具有核心义素的义项(词汇)构成的聚合体,有时简称为“词场”或“义场”。其中,义素是核心,其是指表示事物、动作所属类别或性状方面的义素,在名词中表“类属”,而在动词中表“动作”,在形容词中表“方面”的义素。属于同一个语义场的词语,其他义素可以不同,但是核心义素必须是相同的。语义场表现出以下三种性质,即系统性、层次性、相对性。

(1)系统性

语义的系统性表现为以下两个层面:

①一般情况下,属于同一层级语义场的词语,其语义是相互关联、相互制约的。例如,“丈夫”与“妻子”是相互依存的,没有一方,就没有另一方。“中医”和“西医”也是相互依存的,虽然不能说没有西医就没有中医,但可以说没有“中医”这个词,就没有“西医”这个词,“西医”这个词就是为了区别于“中医”才产生的。

②一个词语的语义取决于这个词跟哪个或者哪些词语构成语义场。如果语言系统不同、时代不同、方言不同,语义场的构成情况也会有所不同。因此,同一个词在不同的语言系统中可能有不同的语义值。

(2)层次性

事物现象的类别有大小、粗细之分,因此语义场也有大小之分,最小的语义场只有两个词语,如“父亲—母亲”“丈夫—妻子”“儿子—女儿”。

但若干较小的语义场也可组成较大的语义场。例如,三个最小语义场就可组成较大的语义场——直系亲属语义场。同时,较大的语义场又可组成更大的语义场,直至一个语言系统中最大的语义场，如“空间”“事物”“时间”“数量”“性状”“关系”等。

因此，语义场就有了不同的层级，较小的语义场就是较大语义场的下级语义场，或称为“子语义场”（简称为“子场”）；较大的语义场就是其上级语义场，或称为“母语义场”（简称为“母场”）。属于同一个较大语义场的词语可能分属不同的层级，如“船”“车”“飞机”属于同一个层级，而“汽车”“火车”“飞机”“轮船”就不属于同一个层级。不同层级的词语不能列入同一级语义场。语义场的层级性体现了语义的纵向聚合关系。

(3)相对性

语义场是以词语的义项为单位构成的，因此同一个词有几个不同的义项，就分属几个不同的义场。例如，“阿姨”有表示亲属称谓和表示社交称谓两种不同的义项，那么这两个义项就分属各个不同的语义场。

此外，较大的语义场可以从不同的角度划分为不同的较小语义场。例如，亲属语义场既可以按照性别划分，也可以按照辈分划分，还可以按照直系/旁系或者血亲/姻亲划分。划分的角度不同，结果也就不一样。所以说一个词语属于哪个语义场，哪些词语构成一个语义场，并不是绝对的，而是相对的。

2.语义场的类型

语义场的划分迄今为止并没有一个确切的定论，可以从不同的角度进行划分。这里，主要从语义场中同级词语的多少考虑，将语义场分为二元义场和多元义场两大类。

(1)二元义场

所谓二元义场，是指由两个同级词语构成的义场。根据义项与义项间不同的对立关系，二元义场又可分为关系型二元义场和异质型二元义场两小类。

①关系型二元义场

关系型二元义场主要表示事物之间的相互关系。这种义场中的词语具有相互依存和关联性，可进行关系推理，即从一方推知另一方。

②异质型二元义场

异质型二元义场是指事物之间具有不同性质的二元义场。这种义场中的词语具有相互对立的不同性质，但不涉及二者之间的相互关系，因此不能进行关系推理。

(2)多元义场

所谓多元义场，是指由三个或更多的同级词语构成的义场。根据义项之间有无顺序关系，多元义场又可分为有序型多元义场和无序型多元义场两小类。

①有序型多元义场

有序型多元义场是指义项之间具有大小、先后、高低等顺序等级关系的多元义场。例如，“一、二、三……十、百、千、万、亿”“春、夏、秋、冬”“秒、分、刻、小时”“东、南、西、北”“助教、讲师、副教授、教授”“少校、中校、上校、大校”等，这些都是按照一定的等级顺序排列的，因此属于有序型多元义场。

②无序型多元义场

无序型多元义场是指义项之间没有顺序等级关系的多元义场。例如,“红、橙、黄、绿、青、蓝、紫”“蛙泳、蝶泳、仰泳、自由泳”“炒、煮、蒸、炸”“金、银、铜、铁”“酸、甜、苦、辣”“走、跑、蹦、跳”等,都属于无序型多元义场。但需要指出的是,有些无序型多元义场的义项是按照某种习惯进行顺序排列的,如“酸、甜、苦、辣”,虽然在语义上并没有什么顺序关系,但是人们已经习惯这种说法,如果换成“苦、辣、酸、甜”或者“甜、苦、酸、辣”等不能说是错误的,但是听起来很别扭。同时,还有些义场的义项,就其专门语义来说是有序型的,而就其通俗语义来说则是无序型的,如表示颜色的词语,在光学语义上是有序的,在一般通俗语义上是无序的。

(二)语义关系

每一种语言中都包含大量的词汇,而且这些词汇在音、语义、结构、语法功能等方面有着复杂关系。

1. 同音同形异义关系

所谓同音同形异义,是指两个或两个以上的词有相同的读音和词形,但是语义不同。如果两个或两个以上词义不同的词,它们的读音相同则被称为“同音异义词”;如果两个或两个以上词义不同的词,它们的外形相同,则被称为“同形异义词”;如果两个或两个以上词义不同的词,它们的发音和外形都一样,则被称为“完全同音异义词”。

2. 多义关系

多义关系是指语言中的一词多义现象,在英语中的大多数词都是多义词,特别是动词和形容词等,一个词的使用频率越高,其含义也就越广泛。

(1)原始语义与引申语义

词的原始语义是指词产生时的最早的语义,其他的语义都是其引申语义。原始语义和引申语义要借助于词源来了解,有的词在使用中,其原始语义已经逐渐消失,取而代之的是其引申语义。例如,lucky dog(幸运儿)的原始语义为“幸运的狗”。

(2)抽象语义与具体语义

词义范围的变化使得词汇的含义发生变化,在英语中许多词既有抽象语义又有具体语义。

(3)普通语义与特殊语义

词汇的语义在历史的发展过程中不断变化,有的在扩大,有的在缩小,有的可以指代一类事物,也可以指代某类事件中的一件具体的事。

(4)字面语义与比喻语义

英语中很多词既含有字面语义,又含有比喻语义。

3. 同义关系

同义关系是指几个发音或拼写不同的词语义相同或者相近,这样的词被称为“同义词”

或者“近义词”。

从历史的角度来讲，英语词汇可以分为本族词和外来词，外来词逐渐被吸收，致使英语中出现了很多同义词。所以，在英语中我们经常会发现，两个词甚至两个以上的词之间语义或多或少有些相同。但是，由于它们的起源不同，这些同义词之间还是有很多细微差别。从同义词区别的方式角度来讲，同义词主要可以分为以下几组。

(1)绝对同义词

绝对同义词具有以下特点：所有的语义都相同；在所有语境中都同义；在概念语义和情感语义方面都对等。绝对同义词在语言中占有的数量并不多，大多数同义词都可归为认知同义词。换言之，许多同义词在中心语义上相似，但在其他语义上是不同的。

(2)认知同义词

认知同义词在语言中占有很大比重，是指拥有部分共同语义特征的词。认知同义词具有以下特点：有相同的句法特征；用于同样的陈述句中有相同的真值条件。

4. 反义关系

反义关系又称“对立关系”，而这些语义相反的词就被称为“反义词”。对于词汇语义的对立，我们要形成正确的认识，不能误认为仅在词的某一个方面对立，词汇语义上的对立可以包括各个不同方面。根据词语的含义可将反义词分为以下几种类型。

(1)可分级反义词

可分级反义词又称“两极反义词”，这类反义词表现出以下几个特点。

①两极反义词所涉及的词汇多数为形容词，少数为动词。其中，这些形容词通常表示的是比较容易发生变化的反义词，如长度、速度、重量、精确程度等。

②可分级反义词之间存在中间状态，也就是说其可以分级。

③可分级反义词在与程度词连用时，其含义往往被扩大，即 heavy 的程度要远远小于 very heavy。

④分级反义词之间是一种逐渐递增或者逐渐递减的趋势，一般都可用一对含有比较级的句子来表示。

⑤可分级形容词并不是绝对的，而是相对的。在一对反义词中，一个词是有标记的，另一个则是无标记的，无标记的词可以作为一个词的概念语义使用，即其可以对事物的性质进行提问。

⑥分级反义词在修饰不同的名词时，其标准也不相同，如 small house 和 small apple 都表示“小”的概念，但是这两个事物对“小”的标准则大不相同。

⑦可分级反义词中，否定其中一个，并不表示肯定另一个，它们之间只是一种或多或少的关系，且可分级反义词可以有比较级和最高级形式。

(2)相对反义词

所谓相对反义词，是指两个词之间是一种对称关系，一个词是另一个词的反向语义，这一对反义词是对同一事物两个方面的不同描述。

(3)互补反义词

互补反义词中的两者之间没有中间地带，是一种整体概念，是一种非此即彼的关系。

5. 上下义关系

当一个词语所要表达的语义被包含在另一个词的语义中时，那么这两个词就是上下义关系。例如，pig 和 animal、pear 和 fruit、red 和 colour 等。在这三对词中，pig、pear、red 分别是 animal、fruit、colour 的下义词，而 animal、fruit、colour 则是 pig、pear、red 的上义词，简单来说，上下义关系是一种类和成员间的关系。

第三章　英语功能语言学

第一节　系统功能语言学

系统功能语言学把语言的实际使用作为研究对象，制定本学派的理论体系，并在应用过程中检验和完善理论。这表明系统功能语言学具有极强的科学性、客观性和实践性，离开语言使用者的实践，就不会有系统功能语言学理论的存在。

一、系统功能语言学的重要思想

当代语言学界形成了形形色色的理论和流派，自20世纪初就有了索绪尔语言学、布龙非尔德主义、伦敦学派、布拉格学派、语符学派、转换生成语言学、系统功能语言学、格语法、生成语义学、认知语法等。这些名目繁多的语言理论和流派基本上可分成两大阵营，即形式主义和功能主义。这反映了学界对语言的两种不同看法：一种是把语言看成规则；另一种是把语言看成资源。

形式语言学以“句法”代替“语法”，沿袭了自古以来的“语言被解释为一种形式系统，然后加上语义”的思想。形式语言学是对语言学的研究，而不是对语言的研究。与形式语言学不同，功能语言学注重的是语言的语义系统以及语义得以体现的形式。形式是走向目的的手段，本身不是目的。功能语言学描写的是真实的讲话者在每天利用语言互动时是如何活动的。社会、语言和思维是不可分割的。社会创造思维，思维创造社会；在这两个过程中，语言起着中介的作用。因此，系统功能理论要说明的是已知语境的特定方面；确定可能表达的语义和表达这些语义时可能使用的语言。把语言看作是语义潜势的系统的观点意味着语言不是一个定义精确的系统，不是所有合乎语法句子的集合；也意味着语言是自然存在的，必须在语境中加以研究。

系统功能语言学包括“系统语法”和“功能语法”两个部分，但这不是两种语法的简单合并，而是一种完整的语言理论框架的两个不可分割的方面。

系统语法或系统语言学着重说明语言作为系统的内部底层关系，它是由语义相关联的可供人们不断选择的若干个子系统组成的系统网络，又称为“语义潜势”。语言作为符号的一种，在表述讲话者想表达的语义时，必然要在语义的各个功能部分进行相应的选择。这种选择取决于使用语言时语境的方方面面，而且在语言的不同层次都可进行。总之，内容决定形式，形式要由实体体现。

功能语法或功能语言学则说明语言是社会交往的工具。语言系统的形成正是人们在长期交往中为了实现各种不同的语义功能所决定的。同样，当人们在语言系统中进行选择时，也是根据所要实现的功能而进行有动因的活动。由于语言建构的是现实,所以功能语法必须建立在日常形式的语言上,它是经验的理论。

由于韩礼德是最早从事系统理论研究的学者之一,著述最多,观点最为全面,他的理论客观上具有公认的代表性和权威性,因此本书主要介绍的功能语言学理论就是依据韩礼德的思想体系模式详细地探讨功能语言学的语言观。

根据韩礼德对语言学和语言的一些基本观点,胡壮麟等人探索研究了以下五个贯穿于韩礼德系统功能语法的理论核心思想。

(一)元功能的思想

韩礼德认为,语言的性质决定人们对语言的要求,即语言所必须完成的功能。这些功能是千变万化的,具有无限的可能性,可被归纳为若干个有限的、抽象的、更具概括性的功能,这就是"元功能"或"纯理功能"。

语言是对存在于主客观世界的过程和野物的反映,这是"经验"功能。在语言中还有"逻辑"功能,该功能以表现并列关系和从属关系的线性循环结构的形式出现。由于两者都是建立在讲话者对外部世界和内心世界的经验之上,与其他功能相比较是中性的,因而可统称为"概念"元功能。

语言是社会人的有语义的活动,是做事的手段,是动作,因此它的功能必然是反映人与人之间的关系,或是对话轮的选择做出规定,或是对事物出现的可能性和出现频率表示自己的判断和估测,或是反映讲话者与听话者之间的社会地位和亲疏关系。这个元功能被称为"人际"元功能。

人们实际使用中的语言的基本单位不是词或句这样的语法单位,而是相对来说表达的是完整思想的"语篇"。上述的概念功能和人际功能最后要由讲话者把它们组织成语篇才能实现,这就是"语篇"元功能。语篇功能是指语言与语境发生联系,使讲话者只能生成与情景相一致和相称的语篇。

至于三大功能之间的主次之分,韩礼德认为心理语言学可能会强调概念功能,社会语言学可能会强调人际功能,而他本人则坚持这三个纯理功能或元功能是三位一体的,不存在主次之分。而且,这三大功能不是离散性的成分,它们可以通过整体结构来体现,互相重叠。

从以上比较可以看出,不论是马林诺夫斯基还是布勒,均未能充分讨论韩礼德模式中的第三个元功能,即语篇功能,因为这个元功能是内在于语言的。

(二)系统的思想

在现代语言学理论中,瑞士语言学家索绪尔最早提出语言系统的概念,并把语言系统称作一个包括能指和所指两个方面的符号系统。从此以后,大多数语言学家都把语言系统看成"系统的系统"。系统的概念在伦敦学派和哥本哈根学派中有了新的定义。弗斯把语言的聚合关系叫作"系统",把语言的组合关系叫作"结构"。

韩礼德的系统思想是把语言系统解释成一种可进行语义选择的网络,当有关系统的每个步骤逐一实现后,便可产生结构。这就是说,系统理论是在使用中演变的,离开语言使用者的实践,它就不会存在。总的来说,韩礼德对语言是"系统的系统"的观点是承认的,也认可弗斯的系统网络的观点，他认为系统存在于所有语言层次，如语义层、词汇语法层和音系层，每个层次都有各自的系统表示本层次的语义潜势。

（三）层次的思想

语言是多层次的系统。语言是有层次的，至少包括语义层、词汇语法层和音系层。这一思想得益于叶尔姆斯列夫的观点。他在解释索绪尔的语言是一个包括能指和所指两个方面的符号系统的思想时，提出了语言实际上包含内容、表达和实体三个层次，因而语言不完全是索绪尔所说的单个符号系统，而是在各个层次之间具有相互关系的系统。

各个层次之间存在着“体现”关系，即对“语义”的选择（语义层）体现于对“形式”（词汇语法层）的选择，对“形式”的选择又体现于对“实体”（音系层）的选择。

采用层次的概念可以使我们对语言本质的了解扩展到语言的外部，因为语义层实际上是语言系统对语境，即行为层或社会符号层的体现。正是在这个语义上，可以把语义层看成是一个接面，以连接词汇语法学和更高层面的符号学。

（四）功能的思想

弗里斯等人在结构主义语法中把功能与“结构语义”或“语法语义”相联系，从而将表示语法或结构关系的词称为“功能词”。

韩礼德的功能思想属于语义分析的范畴。与元功能不同，这里所说的功能是形式化的语义潜势的离散部分，即构成一个在语句中起具体作用的语义成分。词汇语法中的成分或结构只是它的表达形式。例如，在及物性系统所体现的概念功能中，语气系统包含“语气”和“剩余部分”等功能成分，主位系统包含“主位”和“述位”两个功能成分，信息系统包含“已知信息”和“新信息”两个功能成分。韩礼德关于语境的思想可追溯至马林诺夫斯基和弗斯的思想。

（五）语境的思想

语言基本上根植于语言的民族文化和社会生活习俗。弗斯发展了马林诺夫斯基的观点，认为情景语境和言语功能类型的概念可以抽象为纲要式的结构成分，从而适用于各种事件。韩礼德关于语境的思想表明：语言是一种有规律的资源，可用来说明语境中的语义，而语言学则是研究人们如何通过使用语言来交流语义。这也意味着语言是自然存在的，因而必须在语境中研究。简单地说，系统功能语言学理论表明，已知语境的特定方面（如讨论的主题、语言使用者和交际方式）能确定可能要表达的语义和为了表达那些语义而可能使用的语言。

二、系统功能语言学的发展前景

（一）系统功能语言学的发展领域

1. 语用领域

系统功能语言学对语言的阐释主要是从社会学角度来进行的，其理论与思想体系都相对完整，理论性与理论的可用性具有同等地位，并且在语言本质、语言系统、语言功能等多个领域呈现了多种研究结果，也是系统功能语言学得以存在的价值体现。最重要的是，系统功能语言学对语用学理论的丰富、启示、补充具有重大意义，具体可以在以下几个层面体现出来：

第一，在系统功能语言学家眼中，语言属于一种社会符号，语言交际则属于一种社会行为，因此语言与社会、意识形态之间关系密切，语言可以作为社会、意识形态的工具和载体，对社会、人们的思想予以反映，并且也可以对社会、人们的思想进行影响、维持、改变、构建，将人的反作用力体现出来。这一点对于重视语言交际过程中的具体语义但又缺乏具体系统的语用学来说，具有重要的积极语义和可接受性价值。

第二，系统功能语言学与语用学在功能层面存在着相似和相通之处，它们对功能都给予了高度的重视，因此从广义层面上来说都属于功能主义学派。

第三，系统功能语言学的语境理论不仅侧重于与言语活动有直接关联的情景语境，而且侧重于范围更广的文化语境。它详细探讨了文化语境对语言运用的语义及情景语境与文化语境之间的关系。这一研究发现对语用学研究的拓展来说语义非凡，凸显了文化语境对于拓展语用学的会话研究范围以及对于分析语用语义的重要性，也将会话的适应性和有效性展现出来，从而使得人们对会话含义和结构有了一个深入和全面的认识。

第四，系统功能语言学对五种指示成分进行了补充说明，尽管指示语一直是语用学研究的领域，但是有目共睹的一点是，系统功能语言学在这一方面的研究也非常广泛，这也必然丰富和补充着语用学的研究。

从奥斯汀的言语行为理论到塞尔的言语行为分类，再到后来格赖斯的会话含义等，众多学者不断深入开展语言运用的研究，并且发现语言学更加侧重于理论层面，因此他们试图通过对言语运用的研究来归纳总结出一些具有指导性的原则和理论，这对于系统功能语言学来说意义非凡。具体而言，我们可以从以下几点分析：

第一，语用学在研究中一直侧重于预设这一对象，认为预设主要研究的是对语言语义的恰当使用，并有助于语言的正确理解。预设是一个语用推理的过程，其依据的是实际的语言结构语义，并且在具体的语境下根据逻辑和语义来对其产生的条件进行判断。而系统功能语言学将预设作为哲学、心理学层面的知识，因此并没有给予过多的重视，但是系统功能语言学中很多现象都离不开预设理论，因此语用学的预设理论可以为系统功能学中语言的使用和语篇的关联提供重要的解释力。

第二，尽管系统功能语言学指出语言的形式与功能间关系密切而复杂，但是并没有过多地关注那些话语表层语义和深层语义存在较大出入的话语现象，因此很难对这些话语做出合理的、让人信服的解释。但是，语用学中的合作原则、礼貌原则却恰好为其合理解释提供了合适的工具，因为这两大原则明确地指明了交际者的弦外之音、言外之意。这些规则虽然还有待完善，但是其研究成果对于系统功能语言学来说还是具有极大价值的。

第三，语用学中的关联理论对于语言交际过程的解读来说是一个全新的视角和方法。人们进行语言交际的过程，实际上并不是互知的过程，而是在新信息和具体语境中寻找一种关联，从而保证交际动态地向前发展。而系统功能语言学主要采用社会学的方法作为研究的出发点，对心理学和认识的研究方法一贯拒绝和抵触，认为只要能认真对待语篇，就能够通过分析语篇得出正确答案。但实际上，这是不全面的，因为语言交际中的间接言语行为现象非常普遍，对其话语含义的理解和推导有着重要语义，而系统功能语言学仅仅从语言表层形式来研究语篇，这样收到的效果也不大。而关联理论可以对语篇连贯做出自己的解释，这一点对于系统功能语言学来说是值得引入和借鉴的，也是比较合理的成分。

第四，语篇具有多重特点，其中，语篇的结构和组织的统一性特点是非常突出的。在系统功能语言学中，语类结构概念的确立主要是分析和探究语篇整体结构。而语用学对会话结构的研究主要是探索会话的顺序结构，从而揭示出会话结构的规律以及自然会话是如何连贯成篇的。无论是会话整体结构的研究还是会话局部结构的研究，其侧重点都在于寻找话语是如何在特定的情境下，根据顺序规则来组织语篇的。这对于系统功能语言学来说意义巨大。

第五，维索尔伦并没有从语用学研究的认知和社会视角出发，而是根据达尔文的进化认识论，提出了一种综观理论，即选择—顺应。这一理论指出，人们在运用语言时，往往会受到内部因素与外部因素的影响，从而在不同的意识程度下选择合适的语言进行会话，并且运用变异性、顺应性使这种选择成为可能。从本质上说，语言顺应是人类及其生存环境之间发生作用的反映。因此，顺应论充分说明了语境是交际双方与环境之间进行互动的结果，而不是在言语交际发生之前就已经存在的或者已经设定好的。同时，语境会随着交际的发展而发生改变。由于语用学结合社会、心理、认知的语境观来审视语言，具有独特的价值，因此它更加充实和丰富了系统功能语言学的语境理论。

2. 语域和语类

(1)语域理论

在系统功能语言学中，语域理论和语境理论是不可分割的。语境理论中的概念框架控制着语域，也就是话语范围、话语基调和话语方式决定了语域这个语义概念。哈桑同样指出，语域和语类属于同一个语义层次，是一个与语境构型对应的语义构型。欧德乃尔指出，话语范围、话语基调和话语方式是语境的内涵，语域也是按话语范围、话语基调和话语方式来定义的，所以语域可以看作语言在一定语境下的体现形式。语境是由语义体现的，所以语域主要是语义特征，同时它又表现为不同的形式特征。

(2)语类理论

语篇的语类结构是一种语义结构，由情景语境的语境构型支配。文化指“文化语境”，行为潜势是语言表达和行为动作的方式，包括语言行为、非语言行为。文化决定行为潜势。语义潜势是行为潜势在语言中的体现，所以只指由语言体现的语义。语类语义潜势是语义潜势的一部分，表示某个情景语境内话语范围、话语基调和话语方式的价值。哈桑将非语言行为排除在语类之外，认为语类和“语域”属于相同范围，是一个情景类型产生的语篇的统称。一个语境构型决定一个语类结构潜势。语类结构潜势包括必要成分、可选成分和重复成分，其中必要成分及其顺序控制着语类，语类的产生来自必要成分及其顺序的改变。

3. 批评话语分析

“批评的”这一概念是从希腊语中衍生而来的，其基本意思包含一个概念行为图式，涉及从一个状态到另一个状态的变化，如生理、物理、社会及心理等，以及对各种人际活动变化、差异觉察的心理活动，一般都体现出负面的言语行为。除此之外，该词的意思还与更广的“框架”相联系，这些框架又与特定的话语有关。在学术领域，批评话语分析可以追溯到欧洲语言中的“批评理论”，它表示对社会的理解和解放。

批评话语分析发端于以现代语言学的方法研究、文学语篇以及其他话语方式。并不是每一种语言学理论都适合批评分析。以韩礼德为代表的系统功能语言学理论和话语批评非常契合，因而被批评话语分析接受，成为批评话语分析的语言学基石。社会符号理论、语域理论、语篇思想、三元纯理功能思想、多层级系统观，都被频繁地运用到批评话语分析中。

基于对布拉格学派的功能主义语言学观点、伦敦学派的语境思想、人类社会学的语码思想的借鉴，系统功能语言学把语言和社会联系起来，认为与社会文化诸方面共同构成一个总的符号系统。语言作为文化符号系统中的一个元素，非常特殊，因为它反映着其他符号系统。所以，要想揭示语言的本质，必须将其置于社会文化环境中。系统功能语法不仅描述语篇的语言结构，而且努力从语篇所完成的社会和交际功能来解释原因。系统功能语言学的这些观点与批评话语分析的语言观是一致的，但是批评话语分析也并不排斥其他语言学理论，如原型理论、图式理论、言语行为理论等。

主流语言学的很多理论不适合批评话语分析，这主要体现在以下几个方面：

①主流语言学忽略对作为社会、历史主体的单个语言使用者的研究，而批评话语分析则往往视语言使用者为处于某一特定位置的社会、历史主体，是社会结构的承载者，是权势、社会和语言盟主权的构建人。

②主流语言学是一门高度形式化的学科，它主要研究形式，而忽略语义。批评话语分析认为，符号的形式和语义之间的关系并非任意的，而是由社会、意识形态决定的。

③主流语言学是非历史的，而批评话语分析在宏观和微观上都是一种完全历史的研究方法。不考虑历史，语言学理论就无法解释语言变化，特别是那些由于受到社会力量的影响而发生的变化。

④主流语言学的研究以句子或小句为中心，批评话语分析以语篇为中心。语篇是实现和产生语义的场地，是语篇生产语义系统的互动地带。

⑤主流语言学是自治的，而批评话语分析是社会的。在批评话语分析这个以社会为本的语言学理论中，一些基本的社会范畴被认为是语言形式各个层面的使用范畴，因而从一开始就是描述和分析的对象。

4.衔接理论

韩礼德和哈桑合著的《英语的衔接》的问世标志着衔接理论的诞生。该书把衔接手段分为两大类：语法手段和词汇手段。语法手段的体现形式有指代、替代、省略和连接。词汇手段的体现形式有重复、同义/反义、下义/局部和搭配。1985 年，哈桑指出衔接概念应该涉及更大的范围，于是将其扩大到了实现整篇语义的结构之间的关系，把衔接分为结构衔接和非结构衔接。结构衔接包括平行对称结构、主位—述位结构、已知信息—新信息结构。非结构衔接又分为成分关系衔接和有机关系衔接。成分关系衔接包括指称、替代、省略和词汇衔接，它们可以形成同指、同类、同延三种关系。有机关系衔接包括连接关系、相邻对、延续关系等。帕森斯探索了衔接链中衔接项目的数量和语篇连贯的关系。

同时，胡壮麟还特别研究了语音系统在英语语篇中的衔接功能和语篇衔接的多层次思想。张德禄也研究了衔接机制的范围及其与语篇连贯的关系。首先，他强调语篇的概念语义关系、人际语义关系都具有衔接作用。其次，他还认为不同类别的形式机制还可以建立起衔接关系。另外，他指出语篇中具有外指特点的项目可以看作语篇与语境的衔接，包括外指指代和词汇等。

5.评价系统

正是因为系统功能语法的分析模式，评价系统才得以形成。韩礼德根据语言的人际功能创建了语言的人际语义系统，包括语气、情态、归一性、表态度的词汇四个元素，其中后三者又构成了评价系统。态度是评价系统的中心，表示讲话者对自己和别人的评价，它还可以分为情感、判断和欣赏。介入描述单声音、多声音的区别，以及多声音的内容。级差可以分为各种不同的强度（强化、隐喻化、咒骂等）和焦点。

（二）系统功能语言学的前景展望

系统功能语言学是一个处于不断发展中的流派，是当今语言学研究的主要潮流。就这门学科本身而言，仍然存在很多领域需要研究和开发。另外，随着现代科学技术的快速发展，有一些以前无法开展研究的问题现在也可以进行研究和解决了。从这一层面而言，系统语言学未来的发展前景将是十分广阔的。

首先，对于系统功能语言学理论本身而言，人们还可以从以下几个方面展开更加深入的研究：

①及物性系统研究；

②价值系统研究；

③语言与语境之间的关系研究；

④语义系统和文化之间的关系研究；

⑤语域研究；

⑥语类研究；

⑦语篇衔接与连贯研究。

其次，从系统语言学与其他领域或学科相结合的研究来看，如与人类学、社会学、民族学等的结合，人们可以研究的领域如下所述：

①认知语言学研究；

②批评话语分析研究；

③数理语言学研究；

④语言与其他符号系统的关系研究；

⑤描述英语以外的其他语言研究；

⑥教学参考功能语法研究。

最后，韩礼德还认为语言学的生命在于应用。对于系统功能语言学的应用，人们还可以针对以下几个方面展开研究：

①语言教学；

②文体学；

③人工智能；

④翻译学；

⑤儿童语言发展。

第二节　系统功能语言学与英语教学

在功能语言学理论的影响下，世界的语言教学发生了巨大变化。自从功能语言学引入我国以来，功能语言学理论便与英语教学实践紧密结合，为我国的英语教学研究带来了科学的理论指导，并取得了丰硕成果。功能语言学理论在英语教学中得到广泛应用，其语域和语境概念对英语教学产生了很大影响。在功能语言学理论的影响下，人们更多地强调语言与社会需要相结合，关注语言的交际功能。

一、语言学与英语教学

(一)基本语言学观点

以人文主义思想为基础，韩礼德的语言学观点和思想归纳起来包括以下几个方面。

1. 语言的符号性

古希腊时期的斯多葛学派从符号个体的角度研究符号，将语言符号看作独立个体，注重研究符号个体自身所具有的特点、性质和功能。索绪尔对符号学的研究也没有脱离符号个体的范围，他重点强调研究符号聚合关系的重要性，将研究重点放在个体符号的特征方面。

韩礼德认为，语言是一个符号系统，应该用符号学的观点来解释语言。他强调语言符号的系统特征，提出“语言是一种符号系统，是语义潜势，是整个文化系统的一个组成部分”。语言是一个特殊的符号系统，具有表达其他符号系统的能力，可以说是把各种语义系统综合起来的工具，是人们认识世界和改造世界的手段。

2. 语言的普遍性与特殊性

韩礼德强调正确理解语言的普遍特征与语言的特殊性关系的重要性，认为对语言功能的区分和对语言的逻辑部分的循环性结构的分析具有普遍性。他更加关注语言的变异性，从方言和语域两个角度进行研究。

①方言的差异与讲话主体的地域、社会地位、从事的工作、性别、年龄等差异有关。这些由不同的因素形成的方言会在个人身上同时体现出来，称为“个体方言”。方言的语言特点主要表现为形式特征，即词汇语法和音系特征，而不是语义特征。

②由讲话者所从事的活动、谈论的领域、所处的不同场合、话语的不同媒介所形成的语言变体为语域。从讲话者所从事活动的领域来讲，语域有技术性和非技术性之分；从媒介的角度讲，语域有口头和书面之分；从场合上讲，语域有正式和非正式之分；从讲话者的角度

讲，语域有委婉和直爽之分。

简言之，方言的区别主要是形式上的，是用不同的方式讲同样的事；而语域的区别则主要是语义上的，是用不同的方式讲不同的事。

3. 语言的系统性

索绪尔把抽象的“语言”看作语言系统，与实际说出的话语“言语”相对。他所提出的语言系统的概念为韩礼德的系统语言学思想奠定了基础。韩礼德认为，语言学是由几组不同层次的对立组合组成，包括内部语言学和外部语言学，在内部语言学中是共时语言学和历时语言学；在共时语言学中包括语言和言语；在语言中包括组合关系和聚合关系。

在系统功能学派中，“系统”是指语言的“聚合关系”，是个语义潜势，是一种可进行语义选择的系统网络。从有关系统中选择的结果是语言的结构。

4. 语言的层次性

语言的层次性是语言区别于其他符号系统的根本属性，是语言的基本特征。韩礼德认为，语言是一个多层次的系统。在功能语言学形成初期，韩礼德将语言分为三个主层次和两个中介层次。

语言层次观可以使人们从语言的外部了解语言本质。语义层是语言系统对语境，即行为层和社会符号层的体现。那么，语义层就是一个语言连接更高层面的符号学的接面层。而语音文字是体现在音系层和字系层，所以与语言的实体联系起来。

5. 语言的功能性

“功能”一词在功能语言学研究中有两方面的重要语义。一方面是语言所完成的交际任务；另一方面是语言单位在语言结构中的功能。

就前者而言，由于我们可以用语言来完成无数的具体交际任务，所以其功能的数量是无限的。

6. 情景语境

功能语言学关于语境的思想可以追溯到20世纪初，英国人类学家马林诺夫斯基所创立的理论。弗斯将马林诺夫斯基的理论概括化和泛化，创立了自己的语境理论。

韩礼德认为，如果将语言系统作为整体考虑，必须从外部来确定对语义系统进行区别的标准。因此，语义便是语言形式和社会语境或者情景的交叉。由此，韩礼德发展了马林诺夫斯基和弗斯关于语境的思想，完善了他们提出的情景语境理论。在功能语言学发展初期，韩礼德提出语境是主题、直接语境和更广阔的语境这三个类别的汇合。其中，主题是说话的中心内容，是所讲的事本身；直接语境是讲话者与听话者之间的关系；更广阔的语境是讲话者的历史背景，包括社会、地域和时代等。

7. 语类

韩礼德注重语法在语篇分析中的作用，对语类的研究相对较少。但是，他明确地在情景语境框架中将语类称为“修辞方式”，把它划归为话语方式的一部分。格雷戈瑞则在情景语境的三个变项之下又增加了一个变项，称为“功能基调”。后来，哈桑和马丁对它作了进一步研究和发展。

(二)语言学的基本语言教学思想

语言活动有听、说、读、写四种基本形式。语言事件的两种基本物质材料是声波和可见的记号。但物质只是语言活动的一个方面,此外还有结构和环境。因此,他们认为语言科学存在于物质、形式和语境三个层面。物质是语言的材料,包括听觉物质和视觉物质;形式是指内部结构;语境是指语言和其他情景特征的联系。

1.教与学的区别

韩礼德、麦金托什和斯特雷文斯还区别了教与学,他们认为学语言的方法与教语言的方法是不同的。语言学的作用在于教语言,对语言学习不是十分重要。教师的一个主要功能就是提供有助于语言学习的条件。克里斯蒂和昂斯沃斯指出,韩礼德的基于语言的学习理论认为,语言是学习的主要资源,对形式和内容、形式和功能不做明显的区分,内容(语义)触发形式(词汇语法)。

随着语言学理论的发展,语言学与语言教学的关系逐渐得到了人们的关注。功能语言学的教学理念始终贯穿着语境和语域的思想。韩礼德等人意识到专门用途语言教学的重要性,从语言使用的实际出发,把语言教学与语域紧密联系起来,认为教学内容的选择需要根据出现频率、可教性、课堂需要等原则。他们还将语言教学分为以下几种类型:

①规定主义教学,规定了最佳的语言表达形式。

②描写主义教学,让学生有机会获得语言知识或者探讨和理解语言的使用。

③能产性教学,要求学生大量使用语言资源,让学生根据用途正确使用语言。

2.母语教学和外语教学的特点

①母语教学必须与“我们生活中使用的语言”联系起来。母语教学主要的目标是让每个人了解母语的运作机制,学会有效地使用语言,更好地欣赏文学作品,更好地学习英语。

②外语教学可以分为两种类型:一类是用外语教授外语;另一类是通过教授语言知识来教外语。外语教学的目标之一便是让学生掌握在各种不同情景中使用听、说、读、写四项基本语言技能。

3.语言教学的特征

在韩礼德、麦金托什和斯特雷文斯看来,语言教学必须具备以下特征:

①学习者必须亲身体验所使用的语言。

②学习者必须拥有独立使用语言的机会。

通过教授语言知识来教外语的教学方式是无效的,因为这样使培养学习者外语能力的技能课变成了知识课。在外语教学的初级阶段,教授语言知识对于学习者掌握语言技能是没有什么帮助的,反而会起妨碍作用。他们也批评传统的语法翻译法,认为语法翻译法大量依赖外语的形式描写,依赖翻译练习。在语法练习中,语法翻译法使用缺乏语境的孤立句子,关注形式的对等,而忽视语境的对等,不注意语域,无法判断语言使用的适宜性。此外,他们也注意到了多媒体在外语教学中的积极作用,认为语言实验室和视听技术能使语言教学更有趣、更成功。

（三）语言学在英语教学中的作用

韩礼德等人对语言学与语言教学的关系进行了探讨。他们认为，语言学与语言教学没有直接的联系，但语言学理论可以帮助人们更加深刻地理解语言，对语言的描述更加精确、一致和有力。

1.语言学的应用

语言学理论可以用来描述语言。这种描述既与语言的内部模式相关，又与其外部语境模式相关。然而用语言学理论来描述语言还不能说是对语言学的应用，只能说是对语言学理论的运用。应用语言学是指进行语言描述或者运用已有的描述来具体地达到其他的、语言科学以外的目的。

韩礼德认为，应用语言学不是对某个学科或是语言的研究，而是一个研究角度和方面，也就是把一个研究领域的理论和方法应用到另一个不同的研究领域中去。因此，严格地讲，应用语言学是一个主题，是在研究和业务实践中的一系列相互关联的活动，每一个这样的活动都涉及与语言的结合。语言学可以应用于外语教学并不是说它可以使外语学习变得很容易，事实上，外语学习是一项很难且很复杂的活动。我们要用新的语言模式来代替从儿童时期就学到的母语语言模式是很难的，而且这种外语模式与自己母语的模式在许多层次上都是不同的，需要仔细认真地观察、思考和控制。

2.语言描述的作用

外语教学中出现的问题通常被认为是教学的条件达不到标准，这种认识有一定的合理性，但并不是问题的根源，因为在教学条件很好的西方国家，外语教学的效果也不尽如人意。从现代语言学的角度讲，以传统语法为基础的外语教学中的问题和错误主要存在于研究语言的方法和对语言的描述。传统语言学理论中存在的问题和错误可以总结为以下七点：

①范畴不明确；

②多重标准；

③虚构规则；

④虚构概念；

⑤价值判断不规范；

⑥语音不准确；

⑦媒介混乱。

任何对语言学的描述都不可能达到完美的程度。成年人学习外语的缺点是：他们的母语的语言模式已经固化，所以学习外语受到母语的干扰很大。但他们的概括能力和认知能力强的特点可以弥补他们的缺点。但如果对语言的描述是错误的，那么他们的优点就可能发挥不出来，甚至会产生负效应。由此可见，语言描述的正确性和精确性是十分重要的。

在20世纪60年代，语言学家对语言描述的批评是它们太复杂，这是因为它们所赖以存在的理论基础太简单。语言学理论和语言描述的关系是语言学理论越简单，其所产生的语言描述就越复杂；反之，语言学理论越复杂，其所产生的语言描述就越简单。从历史的角度讲，语言学理论存在的问题很多，而且经历了一个长期的发展过程，其中包括以下几个主要的问题：

①语言学理论主要以形式为基准：语言学理论的范畴是以形式为标准建立起来的，在西方的古希腊时期就是如此。

②语言的功能被认为只是被动地反映现实，而不能积极地创造现实或者影响现实，而且它所反映的现实也是不完整的、不确切的，所以描述中出现的缺点被认为是语言的缺点，而不是理论本身的缺点。

③语言的语义被缩减，形式模式被认为没有语义，语义和形式被割裂开来，或者认为概念是不存在的。这两种观点都影响语言学家对语言的正确描述。许多教材和教学法是以这些语言描述为基础编写的，所以会影响外语教学的效率。

二、系统语言学与英语教学

（一）系统语言学简述

语言研究的两大传统是形式主义与功能主义，形式主义的杰出代表是乔姆斯基创立的转换生成语法，而功能主义则集中体现于韩礼德等建立和发展的系统功能语言学。

系统功能语言学着眼于语言的人本性、社会性，索绪尔最早提出了“语言系统”的概念。他认为语言可以区分“语言”和“言语”。此后，大多数语言学家把语言看作“系统的系统”，是“语言单位按一定层次，并且在层次与层次之间有关联的排列”，它实际上是指语言的组合关系或者结构。

后来，伦敦学派和哥本哈根学派对“系统”做了新的定义。弗斯倡导以语义而非形式为语言研究的方针，把语言的聚合关系称为“系统”，把语言的组合关系称为“结构”。叶尔姆斯列夫区分了语言的“系统”和“过程”，系统的底层关系是聚合关系，过程的底层关系是组合关系。韩礼德则认为，“语言并非所有合乎语法的句子的集合，也不是某种组合关系，而是一个有语义、有规则的语义潜势”。同时，韩礼德同意叶尔姆斯列夫的观点，即他也将结构看作过程的底层关系，认为结构是从潜势中衍生出来的，而潜势可以更好地用聚合关系来表达。

系统功能语言学始终把语言的实际使用，即情景中的语篇，确立为语言探索的对象；始终把语言在实际情景语境中表达的语义，即语言的功能作为语言研究的主要内容；始终把语言交际视为一种社会人所从事的社会行为，而这种行为是在包含着情景、语言（形式）和功能这样三个系统的行为框架里运行的，因此系统功能语言学把对情景、语言（形式）、功能等系统的描写及它们彼此之间关系的阐述作为其语言研究的出发点和归宿。

系统功能语言学的主要成果集中表现在对语言系统的重视和对语言功能的关注上，并相应地分为系统语言学和功能语言学。系统语言学将语言看作一个庞大而复杂的符号系统。这个符号系统由许多子系统构成。这些符号并不是一组记号而是一套系统化的语义潜势，客观而全面地描写语言系统的构成和运作，研究人们如何通过语言交换来表达语义。具体来说，系统（功能）语言学对言语的探索是有必要前提的：将语言交际置于包含着语言、功能和情景的行为系统中阐述，并相应地对语言、功能和情景三大系统及其各自的支系统和支系统里的子系统进行描写。总之，语言的系统思想贯穿于语言研究的始终。

(二)系统语言学在英语教学中的应用

根据系统语言学的观点,语言教学的目的是能够使学生发展其“语义潜势”,能够使学生根据语境在这个“潜势”中选择适合语境的语言。教师的任务是以各种适当的方式,向学生提供他们所需要的知识和能力。

1. 教学内容

从教学内容方面来看,教师应该尽量满足学生的学习需要。这就要求教师首先要探查学生学习中的需要,再根据学生的需要来安排教学内容。

因此,教师要在现有的教学条件和资料允许的范围内,根据学生的实际水平,在教学中向他们提出学习要求,并保证这些学习要求适合学生的学习需要,且有一定的实际应用语义,不然,学生就会失去学习的动力。

2. 教学方法

从教学方法方面来看,因为学生的学习方法、学习习惯和学习风格各不相同,他们的学习需要也就存在差异,因此教师在教学中需要运用适合于各种需要的教学方法,或者寻找一种最好的方法,而不是局限于一种方法。

语言是在一定的环境中学习和运用的,所以教师应该采用各种适当的教学方法来创造适合于学生学习的环境。学生学习的最佳环境是以学生为中心,教师进行指导,教师和学生共同来创造教学结构的环境。这种教学结构不依赖于任何一套教学方法和教学原则。

另外,教师不应只将关注点局限于教学方法的一个层次上,而要既注重学生对语音、书面写作、语法和词汇知识的掌握和运用能力,同时还要注重学生用语言表达语义和用语言做事的交际能力的提高。

第三节　系统功能语言学指导下的英语教学评估

评估是教学过程的重要环节,与教学是一体两面的关系,对于提高教育教学质量、促进教师成长和学生发展具有重要意义。功能语言学指导下的英语教学评估更加重视将英语语言知识与交际能力结合起来进行考查。

一、教学评估概述

随着时代变迁和社会的发展,教学评估的自我教育和导向性功能日益凸显,对教学实践的反作用也逐渐增强。

(一)教学评估的含义

1. 评估

评估是指有系统、有步骤地从数量上测量或从性质上描述学生学习的过程与结果,据此判定学生是否达到了所期望的教育目标,“评估”概念的发展与演进大致可以分为以下三个阶段:

第一阶段是指美国在“八年研究”时代(20世纪30年代)之前,“评估”即“measurement”,是以量化的方法取得正确可靠的数据。

第二阶段,人们将“measurement”提升至“evaluation”,评估的方向开始多元化,除了考虑客观的数据外,还从教育目标、人格发展等各方面考虑一些必要的价值标准。

第三阶段,学者们又将“evaluation”再提升至“assessment”,在这一阶段的评估更加注重全面性和综合性,强调从各个角度和不同的观点加以比较、综合分析。

2.评价理论

功能语言学中的“评价理论”又称“评价系统”,是澳大利亚悉尼大学语言学家詹姆斯·马丁等人于20世纪90年代提出并创立的。评价理论关注语篇中可以协商的各种态度,再通过分析与价值观密切相关的语言表达,考察语言使用者对语篇中涉及的人、事、物的立场、观点和态度。正如詹姆斯·马丁说过的,评价理论是关于评价的,即语篇中所协商的各种态度、所涉及的情感的强度,以及表明价值和联盟读者的各种方式。

评价理论的形成与功能语言学对人际语义的研究有密切关系,是对功能语言学特别是其语气系统和情态系统研究的进一步丰富和拓展的结果。功能语言学的主要特点之一是强调语言的社会性。韩礼德把语言的各种功能概括为概念功能、人际功能和语篇功能。这三大纯理论功能分别对应不同的语义系统。

交际者通过语气和情态系统的使用,与他人交往,建立和调节人际关系,影响他人的行为,同时表达自己对世界(包括现实世界和内心世界)的看法,甚至改变世界。

由此可见,功能语言学在关于人际语义的研究中,已经对语言如何通过语气、情态、情态状语等系统来揭示人际关系有所论述。评价语义是所有语篇语义的核心,任何对语篇人际语义的分析,都不可忽视其中的评价语义。只不过在评价理论出现以前,功能语言学对“交际者态度”这一领域描述较为简略,尚不构成完整的体系。评价理论将韩礼德功能语法中关于态度的零散讨论进一步系统化,并且形成了新的理论框架。

总体说来,评价理论也是通过各种语言表达手段来表达说话人/作者对说话对象的观点与态度,并借此反映其所在团体的价值体系,建立和调整与听话人/读者之间的关系,并组织语篇,但在深度和广度上有进一步拓展,手段也更加丰富。

评价理论将评价性资源分为态度、介入和级差三个方面。

(1)态度系统

态度系统是评价性资源的核心部分,它有效揭示了语篇中语言使用者对描述对象的态度、观点和立场。态度系统又可分为以下三个子系统:

①情感系统。情感系统是态度系统的核心,用以阐释语言使用者的感情反应,如满意与否、安全与否等。

②判断系统。判断系统用于根据道德标准和社会规范评价语言使用者的行为,如是否合法、是否正常、是否合适、是否道德等。

③鉴赏系统。鉴赏系统属美学范畴,指对文本/过程及现象的评价,包括反应、组成和评

估三个子范畴。

(2)介入系统

介入系统关注协商人际或概念语义的方式,表明语篇和作者的声音来源,用以调节语言使用者对所述内容承担的责任和义务。介入系统又可分为以下两个子系统:

①自言系统,指语言使用者直接表明自己的态度,没有投射。

②借言系统,指语言使用者引入不同声音来表明自己的态度,主要由间接投射、直接投射、画外投射和领域投射等来实现。

(3)级差系统

级差系统是对态度介入程度的分级资源,通过调节语势力度和聚焦精确度修饰评价资源,其又可以分为以下两个子系统:

①语势系统,用以调节可分级的态度资源的强度。

②聚焦系统,用以调节不可分级的态度范畴。

3. 教学评估

关于对教学评估的理解,测验评估专家阿来萨在其著作中提到,教学评估是指教师将所得到的讯息数据加以选择、组织,并加以解释,以助于教师对学生做出决定或价值判断的过程。信息是教师在课堂上收集的种种量或质的素材。此外,教学评估的结果对教师进行教学决策(指教师在关注课程进展、课程教学、活动设计等内容时所做的决策)、行政决策(制定有关学生评估的分数准则、评估结果的解释、后继的补救方案、奖励制度等)及综合决策(掌握学生在自我学习、人际沟通、团队合作等方面的情况)时有重要帮助。

(二)教学评估的理念

教学评估应以"人"作为主要思考点,思考如何在进行教学评估的同时,协助学生认识自己、定位自己、实现自我价值。

1. 理解

深入理解学生,与学生进行更多的沟通,对于学生的评估是非常有必要的。只有多一分理解与沟通,教师和学生之间才能建立起良好的师生关系,才能进行更有效且能促进学生发展的教学评估。

教学评估不只是教师的个人演绎,或单向地评断学生的学习成果,而是联系教师和同学沟通的桥梁。师生沟通是教学评估过程中一个不可忽视的环节,良好的师生互动是取得良好学习成果的前提。教师若能在学生学习出现状况时施以援手而不是给予批评,了解学生的实际情况,理解他们,尊重他们,最终必能引导他们修正自身的不足之处,达成学习目标。

教学评估应自然地融入所有的学习活动。评估可由学生进行自我评估、学生互评以及教师评估学生等多重方式来切入。此外,在每堂课结束后,学生也可以给予教师一些反馈,这将有助于教学成效的提升及增强教师对学生学习情况的了解。

理解学生不仅是一项评估的要素,更应该是一种实践活动。理解学生最终应该见诸实践的评估行为,在评估中体现出的理解,才是真正的理解。理解是评估的基础,评估则是教师是否真正理解学生的体现。

2.赏识

赏识评估立足于对人的发展和对生命个体的关爱和尊重。人在发展的过程中最本质的需求是得到尊重、认同、理解和赏识。就人的发展而言,除了生理发展,个人被尊重、被认同、被理解和被赏识的心理需要也是非常重要的,因为这是人成长过程中一种推动成长和发展的力量。教师在评估时注入赏识的元素,同时掌握学生的优势,因势利导,让学生在学习方面的动力因为赏识而得以激发。因此,赏识对于评估,应是一种生命教育的体现,是一种富有语义的评估价值取向。教师在评估过程中注重对学生的赏识,是帮助学生提升自我的重要力量。

每位学生都有自己不同于他人的亮点,发现这些亮点是教师的职责,同时引导学生发现自身的亮点进而转化为实际的行为也是教师的使命。学生的亮点需要教师去多方面发掘,学生发现自身的亮点越多,其学习信心就会越强。

赏识教育是承认差异,允许失败,符合生命成长规律的教育,赏识教育是教师快乐地教、学生幸福地学的教育。赏识要使教师相信每位学生都有他“行”的地方。

赏识教育可以协助学生找到自信,开启成功之门。任何人在成长过程中都需要被他人赞赏和认可,都需要被鼓励和激励,更何况是学习中的学生。现行的评估制度在很大程度上打击了学生的自信,教师常自觉或不自觉地给予评估,结果给好的学生更多的肯定和鼓励,但对于成绩差的学生则未做好勉励和补救工作。

3.促进发展

教学评估是以促进学生发现自我的价值、发挥潜能,促进学生的自我实现为导向的。教学评估的目的是通过多元的方式,协助学生了解和掌握各自的优劣势,进而发挥优势,改进劣势,促进学生发展。教师在评估过程中应向学生提供有语义的反馈,为学生提供行之有效的具体建议。

教师在进行多元化教学评估过程中,要注意协助学生找出问题的根源,然后对症下药,协助学生走出被评估结果所挟制的学习境况,引导学生调整自己的学习步伐,重新出发;促进学生在学习或评估中的主体性发展,首先要承认学生的主体性,其次是要把学生培养成主体。

二、系统功能语言学理论下的英语教学评估的方法

(一)功能语言学指导下的英语测试

随着英语教学实践的发展,英语教学的培养目标已经从以传授语言结构知识为主,转变为以培养学生的语言交际能力和整体素质为主。然而,目前英语测试中占主导地位的仍然是结构测试,交际测试只是作为传统测试体系的一个补充。这一现象对英语教学的发展是不利的。

我们要改变这一不利局面,就需要在借鉴结构测试优点的同时,进行交际功能测试。目前流行的交际测试,尽管大部分理论和模式称:测试的对象是语言交际综合能力,但是20世

纪80年代的卡罗尔和20世纪90年代的巴克曼提出的语言交际能力模式都不得不把语言交际能力分解为各种局部的能力。由于不能够说明这些能力之间的关系以及如何转化为整体交际能力,这种分解与结构主义的做法在理论上并没有本质的区别,并且某些能力的测定甚至缺乏可操作性。

在语法分析的基础上,如何合理地将语言交际能力分解后又重新组织起来,成为完善交际测试方法的关键。在交际测试的理论基础和功能主义的旗帜下,有各种功能语言学学说、语用学社会语言学和交际理论。在这些理论中,韩礼德的功能语言学经过不断地发展已经日趋完善,对真正的交际测试具有很好的指导作用。

功能语言学理论为交际测试理论和方法提供了一个把语言知识和交际能力结合起来的系统理论框架。韩礼德等人认为,测试可以用三种方式区分:正式测试和非正式测试、主观测试和客观测试、考试和不包括考试的测试。

1. 正式测试与非正式测试

正式测试是通过建构一些方法来衡量学生语言技能方面的进步、成绩和能力。非正式测试是教师要通过一些方法来了解学生的学习情况,知道什么时候放慢速度、什么时候加快速度、什么时候重复、什么时候对某些学生单独指导等。所以,不同的测试方式是根据考试的目的来决定的。

2. 主观测试与客观测试

主观测试中,学生的得分体现的是考试者的意见、判断和评估,而客观测试是根据学生实际能力进行的测试,是所有考试者都同意的分数。通过数据分析来了解学生的实际能力是一种客观测试方式,它的特点是不会产生争议,但不容易测试学生的综合能力。

3. 考试与不包括考试的测试

考试是一种机构性测试,在拥有测试语言能力的同时,还具有行政和管理的职能。这种考试实际上起到指挥棒的作用,是决定采用什么样的教学大纲和教学方法的主要依据。由此可见,采用什么样的考试方法和考什么将决定教什么和怎样教。

功能语言学为英语测试提供了一个从形式到功能,再到语境的全方位的理论框架。英语教学的听、说、读、写、译各种技能都可进行测试,只是测试的侧重点和方式不同而已。

(二)功能语言学指导下的英语教学评估

1. 自评法

自评法是英语教学评估中的一个重要方法。通过自评,学生不仅能够发现自己学习中的问题,寻找改进措施,教师也可以了解他们的学习态度和成果。

自我评估的内容包含学习过程、学习态度、学习手段、努力程度、学习优缺点、学习结果等。

一般情况下,自我评估法往往采用自评表和自我学习监控表两种工具。

(1)自评表

自评表操作省时、方便。一般来说,教师可以选择在课堂结束之后发给学生,让学生对自己本堂课的学习进行自评。

(2)自我学习监控表

在使用自我学习监控表前,教师需要向学生介绍该表的用途和操作方式,便于学生认识和使用。在学习新单元之前.教师可以让学生从自己的实际情况出发,提前制定一个理想的目标,然后在活动栏中写上自己的预期任务。在之后的学习过程中,学生可以根据这些任务和目标监控自己的学习进度。

教师也需要参与到学习监控表的使用中,时刻提醒学生对自己的目标和任务进行检查,为他们调整下一次的目标和任务给予指导意见。

2.互评法

同学互评主要是通过学生之间的了解、合作和沟通实现的。因此,在同学互评中,沟通和合作技能是两个非常重要的因素。

需要注意的是,同学互评需要遵循一定的原则,要在事实基础上发表评论,做到有理有据。因此,教师可以让几个学生同时来评估一个学生,每个评估者都需要根据客观事实来写评语,且评语的重点应放在被评估者的优点和改进意见上。

3.观察法

观察法是指教师通过有计划、有目的的观察来评定和记录学生日常学习中的表现,并对学生的表现进行评估的方法。一般来说,观察的项目有很多,可以预先设定在表格中,也可以随着课堂的进行来设置。同时,可以将观察表格与成长记录袋放在一起,便于学生对自己的进步和平时情况有一个随时的了解。日常观察记录表主要是由教师来完成的,记录的内容主要涉及学生的日常学习活动的纪实,并且记录的时间也比较灵活,可以在学生学习活动之间进行,也可以在结束之后进行。

4.成长记录袋

成长记录袋是个人在自己以往的社会实践中形成的完整的、确定的、清晰的信息记录形式。随着一个人的成长,记录袋的内容也会不断发生改变。也就是说,成长记录袋是见证个人成长的一种重要工具。

在英语教学评估中,成长记录袋也发挥着重要作用,是一个记录学生成长、课堂变化的工具。另外,成长记录袋往往具有不确定性,因为记录内容会随着学生学习情况的改变而发生变化。这些记录材料不仅仅记录了学生的进步,还记录了学生的退步、成长以及学习过程。在这一评估中,学生处于中心地位,是积极的策划者和参与者,而教师主要起指导作用。

一般来讲,成长记录袋包含以下几个方面的内容:

①对学生入学情况的记录。

②对学生日常学习表现的记录,如回答问题情况、注意力集中情况。

③对平时作业的评定记录。

④教师、家长对学生行为的评语。

⑤平时与期中、期末测试的成绩记录。

⑥同学互评中,其他同学给予的建议。

第四章 多维视角下的英语语言学

第一节 文化视角下的英语语言

语言与文化已经不是新题目了，有关学者的相关研究很早就开始了。尽管在某些方面已经取得了共识，但在一些方面仍有争论。这是一个饶有趣味的研究领域，有巨大的学术研究语义和实用价值。

一、文化的含义

无论是在日常生活中还是在科学研究领域，文化都是一个司空见惯的词语，它用得如此普遍，出现频率如此之高，人文内涵如此丰富，我们在使用它时不能不将其含义加以界定，从而确定讨论问题的立足点，避免不必要的误解或争论。

在中国，文化首先泛指一般知识，包括英语知识在内。例如，"学文化"就是指学文字和求取一般的知识。如果把范围再缩小一些，人们发现它常用来泛指文学、艺术、音乐、绘画、戏剧、舞蹈等高雅或大众化的文艺形式。

如果从学术研究的角度来观察，文化的含义就大不一样了。社会学家常常使用"文化"一词，指生活在特定社会的人们的全部生活方式。从这个意义上讲，文化的涵盖面是很广的。人类社会中人们赖以生存的全部物质和精神产品都可以囊括在文化的范畴里，都可算作文化。正是由于这一点，才有了物质文化和非物质文化的区分。前者指称诸如衣、食、住、行、工厂、学校、公司、宇宙飞船等人类创造的物质文明，而后者则泛指思想、风俗、法律、技能、家庭、国家、社会制度等人类创造的精神文明。

人类学家也广泛地使用"文化"一词，他们对该词的界定与社会学家有重叠之处，但着眼点却不相同。人类学家更侧重于文化的社会属性。英国杰出的人类学家泰勒对文化的界说是这样的："文化或文明是一种复合体，它包括知识、信仰、艺术、道德、法律、风俗，以及作为社会成员的人所获得的其他任何能力和习惯。"

在论述语言的一般特性时，我们不应该忽略语言习得这一点。人们学会说话是一种特殊的语言习得过程。美国语言学家乔姆斯基认为，婴儿生来就具有语言学习的能力，他们学会说话完全靠语言环境，对语言规则无意识。我们不妨这样理解他的观点：孩子们具有特殊的语言天赋，只要语言环境存在，他们就会自然而然地学会说话。语言环境至关重要，在这个环境中，孩子依靠自身的语言能力模仿他人学会说话。模仿他人就是从别人那里学来的。否则，让一个孩子与世隔绝，单靠他的语言天赋是学不会一门语言的。所以我们把学会一门语言称为“语言习得”。但一个人的语言并不是全靠从别人那里学习而来的。有些概念,如“直”的语义范畴,据说在孩子们掌握了相关的词汇之前就已经建立起来了。再如,一个人说话的语音系统也是生而有之的,不需要特殊的学习。

英国语言学家哈德森认为,知识有三类:学习的文化知识,人们共享的但并不是互相学习的非文化知识,个人独有的非文化知识。哈德森还指出,语言基本属于文化知识,因为语言是习得的、与别人所共有的,但是语言的某些部分是个人独有的非文化知识。哈德森的观点印证了文化是知识的事实。

根据对语言和文化特性的讨论,语言是文化但不全是文化。或者说,语言基本属于文化的范畴,但又有超越这一范畴的方面。因此,一个社会的语言是其总体文化的一部分。语言与文化的关系是部分与整体的关系。

二、文化与概念范畴

讨论文化的含义时,其中的一个重要含义是其具有社会性知识。社会性知识实际上是人类行为的指南,人类的衣食住行、生产活动、社会关系、风俗习惯、文艺创作、政治活动等,无不受到特定文化模式的影响或制约。换句话说,人们的社会行为的完全自主或自由是做不到的,因为会受到文化的约束或管制。人们在大多数情况下都是按照所从属的文化模式允许的方式行事,很少偏离。如果发生偏离,文化的强大规范作用会迫使越轨行为回归正确轨道。当然,这是指一般的规律或行事模式,例外的情形或者叛逆行为也时有发生,但不能从整体上改变文化对人类活动的指导或规范作用。

文化作为社会性知识或行为指南是如何被习得的呢?说起来很简单,它是通过语言这个媒介实现的。人们接触各种社会性知识并逐步了解和掌握它们,是从最简单的概念范畴开始的。如天、地、人、好、坏、美、丑、吃、穿、住、行等,都是一些最基本的概念。每个概念都是一个语义范畴。简单的指称具体的人或事;复杂的描述命题,如天人合一、阴阳八卦、家和万事兴、知足常乐。这些概念范畴,不管是简单的还是复杂的,都是人类在长期的生活和生产活动中借助语言的形式抽象、概括、总结出来的。具体来讲,语言对概念范畴的形成提供了两种存在形式——语音形式和文字形式。即便是储存在头脑中的概念范畴,也要借助语言才能存在。人们常常说人类要借助语言进行思考,就是这个道理。这样看来,人类是通过语言形式接触、了解和掌握各种概念范畴的。换句话说,概念范畴赖以存在的外部形式是由语言提供的。

当然,人类将各种事物进行描述、分类、归纳的方式远非一种,通过语言将各种概念范畴符号化只是其中之一。从这个语义上讲,语言和概念范畴密不可分。人类利用语言将这个世界的方方面面加以描述、分类、归纳、给以语言代码,形成易于掌握的概念范畴。正是由于这一点,人们才能对复杂的物质世界和精神世界进行记忆、思考和交流。这样,文化作为社会性知识、作为人类的行为指南,才能传播、扩散,才能被学习、被掌握,并传之后代。

虽然语言为概念范畴提供了外在形式,也就是语音和文字形式,但是不同的语言在表述这些范畴时却存有很大的差异。也就是说，不同的语言在对世界的客观事物进行描述、分类、归纳时的做法是不一样的。例如，世界上大多数的语言都能表达“水”这一物质的三种存在形式，即液体、固体和气体。但是对比研究发现，每一种语言在表达“水”的各种存在形式时，其类别和数目不一样。多数欧洲语言用两种形式表述固体状态的水，即冰和雪。汉语的表述形式要多一些，除了冰和雪之外，还有雹、霜等词。生活在北极附近的因纽特人对固体状态水的语言分类和表述形式更多。

三、语言与价值观

生活在一个社会群体里的人们常常有意无意地按照约定俗成的方式活动。例如，熟人见面要互致问候；吃饭时，中国人用筷子而西方人用刀叉；中国人有敬老爱幼的传统，西方人则崇尚女士优先；在世界大多数社会里实行一夫一妻制；等等。人们之所以这样做是因为觉得这样做合理或者得体。实际上，人们循规蹈矩的行为是受社会规范的支配。所谓社会规范，就是一个社会中人们的行为准则，它规定人们在某种情况下应该如何做或者不应该如何做。办事有先来后到之分，乘车时见了老人或孕妇要让座，医生有救死扶伤之责任，士兵有保家卫国之义务，等等，都是社会规范起作用的结果。由此可见，社会规范具有重要的社会功能，可以保证人类社会平稳、顺利、和谐有序地运转。它的规范作用如此之大，人们常常会感到有一种无形的压力在促使自己依规行事。但实际情况却是，大多数人在大多数情况下是按照社会规范行事的，但也有例外的情形。对于有的违反社会规范的行为可以容忍，有的则要给以惩罚，以儆效尤。如在剧场或会场不许大声喧哗，如果有人说话声音大得影响了他人，人们对此虽然不赞成，但是可以容忍。如果动手打人或对妇女非礼，那是侵犯人权，应视情节的严重程度给予法律制裁。可见，社会规范有社会习俗和社会法纪之分。前者指一般的文化习俗或民规民约，后者指法律。

社会规范，小到一般风俗，大到法纪，不是人们任意制定的，是根据一个社会所崇尚的人文精神和社会需要而形成的。因此，社会规范实际上是一个社会的价值观的体现。所谓价值观，简单地说，就是生活在一个特定社会里的人们对什么是好、什么是美、什么是善、什么是对、什么可取等问题的比较一致的认识或看法。由此不难看出，价值观是比较抽象的概念或思想精神，而规范是反映价值观的行为准则。

一个社会的价值观是很重要的，原因之一是它直接影响到社会规范的内容。重视科技的社会就会通过立法促进科学技术的发展；重视平等竞争的社会会采取法制手段反对不正当的竞争行为。中国人素有谦虚的美德，所以中国人在言谈举止中表现谦让，同时抑制甚至批评骄傲自大的言行。

说话也是一种行为，可以被称为言语行为。言语行为是有模式可循的。人们见面时要互致问候，告别时要说一声再见；对取得优异成绩的人要表示祝贺；亲朋好友会面说话亲热随意；参加正式聚会的人说话礼貌、客气、得体……这些言语行为模式跟日常生活中的其他任何行为模式一样受到社会规范的约束，因为规范告诉人们这样做是正确的、得体的、被社会接受的。同样,言语行为规范也以自己特有的方式体现一定社会或文化的价值观。

第二节　应用视角下的英语语言

一、应用语言学概述

(一)应用语言学的定义

应用语言学有狭义和广义之分。狭义的应用语言学特指第二语言教学;广义的应用语言学是指应用于各实际领域的语言学,即指语言学知识和研究成果所应用的一切领域和方面。

简单地说,应用语言学是研究语言本体和本体语言学同有关方面发生关系的学科。进一步说,应用语言学是研究语言本体和本体语言学同应用各部分结合部、接触面,包括结合、接触的动态变化的规律性的学科。

(二)应用语言学的性质和特点

1. 应用语言学的性质

作为人类最重要的交际工具,语言伴随着人类的产生而产生,也随着人类社会的发展而发展。人们对语言应用的有关问题很早就开始关注并进行研究了,如字母及文字的创制和选择、语言教学(包括第二语言教学或外语教学)的理论和实践、标准语的确立和规范、正字法的确立和规范、字典和词典的编纂、语言与社会文化关系的探讨等。

应用语言学专注于对语言应用的种种问题的研究,应用语言学作为学科是跟语言本体研究、理论语言学(普通语言学)相对应的。

2. 应用语言学的特点

应用语言学作为从 20 世纪 60 年代发展到今天的一门学科,人们对它的认识越来越明确,应用语言学已经成为一门比较成熟的语言学分支学科,形成了自己的理论和方法体系。总的来看,应用语言学有学科的综合性、相对独立性、实用性和实验性等特点。

(1)应用语言学具有综合性的特点

应用语言学的学科性质决定了其综合性。应用语言学要根据具体的研究对象和研究目的同其他学科相结合,所以研究应用语言学不仅需要语言学知识,也需要相关学科的知识。例如,研究语言规划离不开政治学、民族学理论与方法的指导;研究语言教学要综合运用教育学、心理学、教育测量学、学科教学论等学科的理论和方法;研究社会语言学需要社会学、文化学、人类学、统计学、心理学等学科的理论和方法;研究计算语言学要跟计算机科学、数理逻辑、人工智能、信息论、控制论等学科结合。正因为应用语言学在不同领域跟不同学科的结合,才产生了应用语言学的许多下位学科,如心理语言学、病理语言学、社会语言学、神经语言学、计算语言学、人类语言学、语言风格学等。因此,对应用语言学进行学习和研究,除了需要语言学的知识和理论方法外,还需要更多的其他学科的知识,与之相对应,应用语言学的研究人员是一种复合型的人才,其成长和培养需要多学科的合作。

从这个语义上讲,应用语言学具有跨学科的性质,是一门多边缘的跨学科的综合性学科。应用语言学要千方百计寻找适当的跟其他学科的结合点,充分发挥多边缘、跨学科、综合性的特点,只有这样,应用语言学才能不断发展和壮大。

(2)应用语言学具有学科相对独立性的特点

应用语言学成立了全国性和国际性学术组织,创建了大量专门的研究机构,出版了大量的教材、研究论著,创办了专门的研究刊物,拥有相当数量的专门研究人才,有自己独特的学科基础;有明确的研究对象,形成了像语言教学、语言规划、社会语言学、心理语言学、儿童语言学、语言信息处理、神经语言学、词典学等几个较为成熟的下位领域;有明确的研究任务,研究语言学在一切领域的实际应用问题;形成了专门的应用语言学专业和课程,国内外许多大学和研究机构设有应用语言学系,招收应用语言学的本科生,更多的大学或研究机构招收应用语言学及其相关研究方向的硕士或博士研究生,以培养高学位的后备人才。因而,应用语言学是语言学中一门相对独立的学科。

(3)应用语言学具有实用性的特点

应用语言学以实用性作为存在和发展的基本条件,以语言学在社会生活中的实际应用、各种实际的语言问题的解决为目标,如语言故障康复、指导和帮助语言教学、语言规划、语言信息处理、翻译、词典编纂、速记等。而应用语言学的各主要分支学科,如语言教学、计算语言学、社会语言学、心理语言学、神经语言学、儿童语言学等,也都是为社会的实际需要服务的。应用语言学可以说就是为了直接满足语言学在社会生活中的实际需求。

(4)应用语言学具有实验性的特点

应用语言学要解决语言运用的实际问题就离不开调查和实验,如调查和分析语言教学或第二语言教学要对教学对象、语言自身的特点、中介语现象、教学效果等,对语言教学的新方法是否有效要进行相关的实验,提取必要的分析数据,得出科学的结论;进行社会语言学研究更要进行必要的社会调查;进行语言规划要对语言文字使用者的状况、语言文字自身的特点和现状、语言规划的目的和效果等问题进行调查和研究;进行语言信息处理研究,必须懂得使用计算机做各种实验等。

调查和实验是应用语言学研究的重要方法。调查通常包括观察调查、访谈调查、问卷调查(包括网上问卷调查)等,实验则是神经语言学、语言教学、计算语言学、社会语言学等领域的常用研究方法。无论是调查还是实验,都要对材料、数据、结论进行统计、比较和分析,因而比较的方法和统计的手段在应用语言学中较为常用。通过比较可以考察出相近或相关现象之间的同异,统计、手段的运用则可以使研究的结论达到定量和定性的统一,从而保证结论的可靠性和科学性。

当然,没有理论和方法的指导,应用语言学不可能成为一门学科;没有理论和方法以及研究手段的更新和发展,应用语言学也不可能取得进一步的发展。不过,相对理论语言学或普通语言学来说,应用语言学的实用性和实验性的特点更加突出一些。

二、应用语言学理论

应用语言学随社会的进步和发展也得到了相应的发展，其基本理论也得到了不断扩充和完善。应用语言学的基本理论主要包括动态理论、交际理论、中介理论、层次理论、浅显理论、人文性理论，下面就交际理论和动态理论进行具体分析。

（一）交际理论

1. 交际理论的基本思想、目标和地位

古往今来，语言被从不同的角度下了许多定义。其中最有影响的定义之一，就是从语言的本质功能方面给语言下的定义：语言是人类最重要的交际工具。这个定义揭示了语言的一个重要的属性——工具性。

此外，人文性是语言的又一特性。语言一方面是文化的载体，在运送——传播方面也具有一定的人文性，并且这种人文性不包括属于上层建筑的有阶级性的部分。

语言的这两种特性不是二元论，交际离不开人类的文化，而语言是人类进行交际、思维和认知的一种工具，并且是最重要的交际工具。

交际理论指出，世界万物的发展变化都离不开能量的交换，在彼此的相互吸引、排斥和中和中实现动态的平衡。而生存于社会中的人需要协调和交际，语言也在这一协调和交际的过程中得以产生和发展。从某种角度来讲，语言的变化发展以交际为目的和动力。

总之，交际是语言的本质，应该为语言交际而研究语言，这是交际理论的基本思想。在交际理论的基础上，中国应用语言学界还提出了层次理论、动态理论、中介理论、人文性理论及潜显理论等。

2. 交际理论的基本内容

(1)交际是最基本的语言能力

交际是人类的语言能力中的基本能力。在语言的使用上，人们应知其然还要知其所以然。

也就是说，语文教师的“语感”和“论感”都要强。需要强调的是，一些语言学家可能跟以前主要受了语言知识能力的教育，而没有受到应有的语言交际能力的教育有关，而以语言的深奥为能事，这种语言观是跟交际观格格不入的。

(2)在多样的语言交际中实践语言交际能力

有的教师用模拟的方法进行语言教学，但要注意让学生知道生活实际中的情况。例如，有些方言区的人学习说普通话还不错，但稍有变化或者不是很标准就听不懂，这也是一种欠缺。

(3)应该以交际值作为衡量语言规范的标准

交际也存在着一定的规范，交际到位的程度——交际度或交际值是对交际规范进行衡量的基本标准。规范不是单纯要求语言的纯，因而不应存在妨碍交际的规范。

(4)语言交际能力的实践不是一次性完成的

交际能力并非一次性完成，表现在语言的时代性上，应该让学生学习鲜活的语言。语言学习要有一定的量和质：一定的量可以内化，可以生巧；一定的质，可以提高层次。

(5)要重视创新

创新部分是稳定部分的唯一来源，现有的稳定部分当初都是创新部分。因而特别要鼓励创新，教材要帮助学生创新，教师要在创新方面进行身教，一切语言示范都要在语言规范和语言创新两个方面起到表率作用。对学生语言学习的测试，要注重语言的创新，这里的创新不应降低层次和奇谈怪论，也不是一般形式的变化，教师要留心学生好的语言现象，提高学生创造语言的能力，及时调整学生的语言观。

(二)动态理论

1.动态理论的基本思想

哲学上讲运动是绝对的，静止是相对的。语言作为人的交际工具也处于运动变化之中，因为为了沟通的方便，人类的交际形式必然发生变化，这是语言发展变化的动力。另外，物体运动的速度是不同的。物体运动速度相对比较慢的叫稳态，运动速度相对比较快的叫动态。或者说稳态是动态里的一种状态。而语言从古代汉语到现代汉语，其发展也呈现一种新陈代谢的动态。

2.动态理论的基本内容

动态理论主张用动态的眼光看待语言、语言应用和语言研究。大体上可以包括三个方面。

(1)对语言动态性的认识

动态性的认识指在人们的交往中，语言是以动态的方式存在的。受结构主义语言学的影响，长期以来人们习惯将静态看作是语言的本质特征，认为动态只不过是对静态的使用。而语言的动态观认为，语言的动态是语言的主导方面，静态是运动速度相对平衡的一种存在形式，是一种为了研究、说明和解释而假想出来的状态。

语言是各个部分运动的速度并不同的系统。局部的发展变化会引起语言内部有关部分的发展变化，使得有关部分协调，这可以称为语言的自我调节。调节也是运动。

(2)对语言认识的动态性

应用语言学的研究，从实践到理论是动态，从理论到实践也是动态，实践和理论的互动更是动态。而对语言的认识，既是实践性活动，也是理论性活动。

语言是一种复杂和特殊的社会现象，在一代又一代人的努力下，人们对其认识不断加深，但这一认识不会结束。因为任何事物的变化、发展都不会是笔直的，而是曲折的、螺旋式的。语言工作的发展也是如此。认识这些规律，有助于能动地促进语言文字工作。

语言文字工作的规律提醒人们注意，语言是社会的、动态的；语言文字工作也是社会的、动态的。语言文字工作不能脱离社会时代背景进行，必须遵循语言文字的发展规律。

(3)语言研究要动稳结合

在语言学上，不存在纯粹的动态或稳态研究，二者是相互作用、共同存在的。为了适应人们交际、思维和认知等方面的发展，语言进行必要的自我调节，表现在两个方面：一是不断产生新的语言要素；二是保持相对的平衡状态，使得整个语言体系不被毁坏。因此，语言研究必须考虑到这一事实。

此外还应注意到，动态的研究和稳态的研究，都要为动态的交际服务。从索绪尔以后，对语言的共时研究和历时研究进行了严格区分，但把二者割裂开来是不对的。历时研究可能局限于语言要素的研究，但不是必然导致不能进行语言系统的研究。

总之，以上三个方面是密切相关的。认识到语言的动态性，把动态看作语言的本质特征，自然会使自己对语言的认识随着语言的变化不断调整，而这也就形成了动稳的结合。

三、应用语言学的核心领域

（一）语言教学

1. 语言教学的性质

语言教学历史悠久，长期以来一直受到语言学家和教育学家的关注。语言教学是应用语言学的重要内容，在应用语言学领域占有相当重要的地位。

语言教学是指教育者运用特定的方法，将语言知识和相关的理论有目的、有计划地传授给学习者，以使学习者掌握一门具体语言并用于交际目的，它是教育工作的重要组成部分。

语言教学作为一种以语言为内容的教学活动，包括本族语教学和外族语教学，即第一语言教学和第二语言教学。

语言教学中的外族语教学就是第二语言教学，它是在第一语言学习基础之上进行的，是对第一语言能力的扩大。此外，多语教学和双语教学也是语言教学的重要内容，在我国，这种情况常见于少数民族语言教学上。

2. 语言教学的目标

语言教学目标是让一个人掌握一门语言，是让学习者能够从听、说、读、写诸方面掌握一种语言的知识内容，并且具备得体而有效地使用该语言的能力。

语言学习的具体目的可以不相同，如第二语言学习可以有受教育目的、学术目的、职业目的、职业工具目的和其他目的等。学生的学习目的也就是教学目的。但是语言教学从根本上说都是为了使学生学会听、说、读、写，并能够运用语言进行交际。无论是第一语言教学还是第二语言教学，都不能背离这样的目的。

所以，我们应当把语言教学的目标确定为培养和提高学习者的语言能力和交际能力。

（二）社会语言学

社会语言学作为一门年轻的应用语言学分支学科，产生的时间并不长，关于其研究对象、研究内容、学科性质、特点等的理解，语言学家和社会学家有不同的认识角度，国外学者和国内学者也有不同的侧重点，学术界有过不少争议。目前，随着研究的深入，人们对社会语言学的认识也渐趋一致。

1. 社会语言学的研究对象

社会语言学和语言社会学是社会语言学文献中常常出现的两个词。语言社会学通过对语言的研究更好地了解社会结构；社会语言学着重研究语言结构，探讨语言怎样在交际中发挥作用。

2. 社会语言学的研究范围

社会语言学一般可分为小社会语言学和大社会语言学。

(1)小社会语言学

小社会语言学也称微观社会语言学,主要以语言的各种变异为研究对象,其在对语言变异发生的规律和原因进行研究的过程中常常联系社会因素,在对变异现象进行描写上常常使用统计的方法和概率的模式,其经常性的课题主要包括语言与性别、语言与阶级、语言与社会、语言与环境、语言与种族集团等。

(2)大社会语言学

大社会语言学也称宏观社会语言学,以研究社会中的语言问题为重点,主要指语言接触和语言规划,包括双语、双方言或多语的交际与教育,语言政策与语言规划,标准语选择,语言的相互接触与影响,语言冲突等往往因社会因素而产生的问题。这些问题需要从社会的角度加以研究和解决。

除了宏观社会语言学和微观社会语言学外,广义的社会语言学还研究语言文明、语言修养、语言风格、作家作品语言、新闻语言、播音主持语言、广告语言、法律语言、新词新语、网络语言等。

第三节　教学视角下的英语语言

语言教学是一门涉及语言学、心理学、教育学等诸多领域的综合性学科。作为应用语言学的重要内容,语言教学在应用语言学、教育学领域备受重视,特别是在应用语言学中占有十分重要的地位。

一、语言教学的主要性质与目标

(一)语言教学的主要性质

无论要认识什么事情,都要首先了解它的性质或者特点,也只有对其性质有清楚的认识,才会清楚地认识该事物。在分析语言教学时,同样如此,我们首先要认识其性质。从总体而言,语言教学是指教育者运用特定的方法,把语言知识与相关的理论有目的、有计划地传授给学习者,从而达到使学习者掌握一门具体语言并能将语言用于交际目的的教学活动,它是教育工作的重要组成部分。

我们可以从以下几个方面认识语言教学的性质。

1. 教学目的

从根本上说,语言教学的目的是使学生学会听、说、读、写和用语言进行交际。但语言教学的目的可以更加具体地分为五种,即受教育目的、学术目的、职业目的、职业工具目的、其他目的。语言教学的目的实际上也是学生学习语言的目的。语言教学不能背离其目的,否则语言教学就失去了其应有的意义。

2.教学内容

教学内容就是教什么。教学目的决定教学内容,教学目的不同,教学内容自然也会有所不同。语言教学的教学内容包括语言要素、语用规则、言语技能、言语交际技能、相关文化知识。这五个方面的内容都需要通过言语材料的形式进行展示,并且必须根据学生的程度、交际的需要对言语材料进行选择、编排。此外,在选择、编排这些材料时需要体现系统性,主要是体现由易到难的言语系统。

3.教学原则

语言教学的原则包括根据对象的特点选择、编排教学内容,正确处理语言与文化之间的关系以及言语要素与语言知识之间的关系,正确处理言语要素的传授和言语技能训练以及言语交际技能训练之间的关系,正确处理语言形式结构教学和语义结构教学的关系等。语言教学的教学原则的制定必须在综合考虑语言规律、语言学习规律、语言教学规律等基础上进行。

4.教学方法

语言教学的方法比较复杂,对语言教学方法的研究甚至已经成为一个专门的研究领域。以下几点可以用于指导教师、学者对语言教学方法的选择、采用、研究:在选择、编排教学内容的言语材料时,要以学生的需要为依据,遵循由易到难、由浅入深的原则,并且这些言语材料要便于教师根据学生对知识的接受程度、对相关的言语现象进行分割、排列、组合;要有计划地安排重现教过的内容,做到新旧相交、温故知新;应将课堂教学的部分时间用于操练言语技能、言语交际技能;针对不同的言语技能应该采用不同的训练方法;根据教学内容的不同、教学对象的不同,采用不同的方法对理论进行讲解。

5.教学技巧

语言教学特别讲究教学技巧,对教学技巧的要求比较高。怎样引进一个新的语言现象、怎样板书、怎样提问、怎样使学生容易理解、怎样把课上的生动活泼等,都需要教学技巧。同一种语言现象,有的教师一教学生就学会,而有的教师费很大精力反复讲解,学生也不明白,这就是因为教师采用的教学技巧不同。

综上可知,语言教学是一种以语言为内容,运用特定方法,有目的、有计划的教学活动。语言教学也是一门独立的学科,具有独立的学科理论体系,有着综合性和边缘性特点,这是因为它不仅仅局限于语言教学活动的全过程和各个具体环节本身,而且是一门研究语言教学活动的理论、原则和方法的科学,即语言教学研究。在这门学科中,语言本体的研究虽然是必需的,但不是唯一的。作为一项教育活动,在语言教学同时必然需要教育学、语言习得和语言认知理论、学科教学论、教育技术学等的理论支持。另外,第二语言教学还需要语言对比、文化比较、心理学等学科的知识。因此,语言教学对教学工作者和研究人员都提出了比较高的要求。

(二)语言教学的主要目标

顾名思义,语言教学的目标也就是语言教学的方向。教学目标的确定反映人对语言教学本质特性的认识,与人们当时的认识水平密切相关。教学目标是总体设计中的首要问题。

教学目标一经确定，将决定教学内容、课程设置、教学原则、教学过程、教学方法以及测试评估等一系列问题。

从传统意义上讲，一个人只要学会了某种语言全部的语言要素知识，即语音、语义、语法、语篇衔接乃至书面语交际所必需的文字等知识，就得到了使用该语言顺利进行交际的“通行证”。因此，传统的语言教学多停留在语言本体知识的教授上，以语言能力的培养为终极目标，结构主义语言学和转换生成语言学也在强调把语言的基本要素作为语言学习的核心内容。

但是，随着语言教学逐渐取得更大发展，尤其是第二语言教学的不断发展，人们对语言教学的目标提出了质疑。事实证明，即使学习者完全掌握了一种语言所有的组成规则，即语音、语义、语法，包括文字方面的语言要素知识，仍然无法达到像以第一语言的社团成员对这种语言的使用程度。其主要原因就是，一个人要真正掌握一门语言，除了要具备语言能力以外，还必须具备交际能力。

总之，我们要将语言教学的目标确定为培养和提高学习者的语言能力和交际能力。而就语言教学研究而言，传统上认为教什么、怎样教、如何学是语言教学主要涉及的三个方面。而在科学技术手段越来越有效地运用于语言教学过程的今天，语言教学已经离不开现代教育技术，所以现代语言教学研究必须关注用什么技术手段教。因此，教什么、怎样教、如何学、运用怎样的现代教育技术才是语言教学研究的四个目标。

二、语言教学的基本类型与过程

(一)语言教学的基本类型

划分教学类型是为了适应不同的教学对象和教学目的，有针对性地组织教学。所以，对语言教学类型的划分应该从不同角度和层次上进行。

1.第一语言教学与第二语言教学

按语言教学的内容分，语言教学可以分为第一语言教学和第二语言教学。

2.常规教学与业余教学

按教育性质划分，语言教学可以分为常规教学和业余教学。常规教学又可以根据不同的教学目的划分为普通教学、预备教学、专业教学和特殊目的教学等。这些不同的教学类型分别适应不同教学对象。业余教学则充分利用学习者的业余时间，如工作之余、晚上、周末、假期等时间进行语言教学。

3.长期教学与短期教学

按学习期限可以把语言教学分为长期教学和短期教学。一般来说，第一语言教学的时限都比较长，学校教育中通常会设置第一语言教学的内容；但是也有短期教学，如各种语言表达培训班、语文辅导班等。这两种类型在第二语言教学中区分得更加明确。按照我国英语教学界的习惯分法，教学期限在一学年及以上的算长期班，不到一学年的算短期班。短期班具有更明显的速成性质，主要适应临时目的。其他学习目的者也可以参加短期班学习，作为在其他教学类型中学习的补充。

4. 班级教学与个别教学

无论是长期教学还是短期教学，都可以从教学组织形式的角度再分为班级教学和个别教学。班级教学主要由教师根据大多数学生的特点，在一定的教学时间内，设计并教授一定的教学内容。这种类型的教学要依据科学的教学大纲和教材，是语言教学经常采用的教学类型。个别教学是一种一对一的教学类型，这种教学类型一般是根据学生的特点、学习目的和学习时间，由师生双方共同商定教学内容、上课的时间和教学进度。这种个别教学有更大的灵活性，能够适应各种学习目的，也能够适应不能加入班级教学或者希望加快或放慢学习进度的各种教学对象的特殊需要。例如，有的家长为了提高孩子的语文或英语水平而聘请家教单独辅导就是一种个别教学的形式。

5. 儿童教学与成人教学

由于儿童和成人在语言学习上有很大的不同，所以可以根据教学对象的年龄，把语言教学分为对儿童的语言教学和对成年人的语言教学。其中，儿童的年龄一般限于 14 岁以下，通常是小学及学前阶段的儿童，主要对其进行第一语言教学，有时也进行初级的第二语言教学。对成人的语言教学多为第二语言教学。

6. 初级、中级与高级阶段教学

根据学习语言的程度，可以把语言教学分为初级、中级和高级三个阶段。第二语言教学的三个阶段是按照学习者掌握第二语言的程度来区分的。第一语言教学是一个相对来说比较漫长的过程，在此过程中，儿童第一语言的能力是随着年龄的增长而逐步提高的，在同一个年龄段其语言水平比较接近，因此一般可以按照年龄来划分初、中、高级，但也要参照实际语言能力的发展状况。

除了上述教学类型以外，还可以分出单语教学和双语教学、正常人语言教学和聋哑语教学等；或者从特殊教学媒体的角度划分出一些特殊的教学类型，如函授教学、广播教学、影视教学、网络教学等。

（二）语言教学的基本过程

语言教学是十分复杂的过程，它涉及多个领域，如社会科学、自然科学。另外，它还与语用学、心理学等学科相关。此外，语言教学还与政治、经济以及一个国家的教育制度、政策有密切联系。因此，语言教学不仅仅是一个教学活动，也不仅仅是一门研究语言教学活动的学科，更是一项需要国家政府参与的事业。

1. 制定政策

语言教学对每个国家和民族来说都是最重要的任务之一。语言教学不但是一种个人行为，而且影响着一个国家和民族的发展。因此，国家和政府既要投入一定的经费用于语言教学，又要根据国内语言教学的现状，制定相应的语言文字政策和语言教育政策。

2. 总体设计

制定好语言政策之后，要由语言学家或其他专业人员来具体执行政策，主要是进行语言教学的总体设计，如确定教学要求、教学内容和教学时间，确定课程设置及各门课程的具体教学方式，制定教学大纲和教学计划，编写或选择教材。例如，在 20 世纪 80 年代初，我国学者根据英语教学事业创立时期教学活动处于经验型的探索阶段和缺乏科学性、规范性的实际情况，提出了英语教学的总体设计理论，把英语教学看成是一项系统工程，认为总体设计是根据语言规律、语言学习规律和语言教学规律，在全面分析第二语言教学的各种主客观条件、综合考虑各种可能的教学措施的基础上选择最佳方案，对教学对象、教学目标、教学内容、教学途径、教学原则以及教师的分工和对教师的要求等做出明确的规定，以便指导教材编写(或选择)、课堂教学和成绩测试，使各个教学环节成为一个互相衔接的、统一的整体，使全体教学人员根据不同的分工在教学上进行协调行动。这个针对英语教学的"总体设计"比较全面，不仅适用于英语教学，也可以用于第一语言教学和其他第二语言教学。

3. 编写教材

教材是语言教学付诸实践时所依据的材料，在教学活动中占有很重要的地位。不管是课上的学习还是课下的自学，教师的教与学生的学要依照一定的教材进行。教材是总体设计的具体体现，反映了培养目标、教学要求、教学内容、教学原则；同时教材又是课堂教学和测试的依据。因此，根据总体设计编写相应的教材成为语言教学基本过程中非常必要的一步。

4. 师资选拔和培训

教师和学生是教学活动中的两个重要参与者，是教学过程中最重要的因素。语言教学涉及的内容非常广泛，对教师要求很高，语言教师除了具备相当的语言本体知识外，还得具备一定的文学、历史、经济、政治、科技等方面的素养。因此，语言教师必须经过严格的选拔和培训才能够胜任教学工作。

5. 课堂教学

课堂教学是所有教学活动中最重要的一个环节。所有既定的教学目标、教学计划、教学内容、教学原则、教学环节以及教材是否科学适用等，都是要在课堂上贯彻和检验的。学会一种言语现象要经过感知、理解、模仿、记忆和巩固几个阶段，这几个阶段大部分也都要在课堂上完成。因此，课堂教学在全部教学活动中处于中心地位，所有其他教学环节上的工作都要从课堂教学的需要出发，以满足和适应课堂教学的需要为宗旨，为课堂教学服务。

6. 语言测试

有教学就会有测试，语言测试任何时候都无法脱离教学。可以说，测试与教学是相辅相成的。语言测试的目的就是评价学习者的语言水平，评估教学的实际效果，为选拔人才提供依据，为改进教学中的问题提供反馈，为语言研究的发展提供素材，等等。我国现在的英语四、六级考试都是规模较大、较为成熟的语言测试。

7. 教学研究

语言教学除了必要的教学活动和理论支撑之外，还需要有同步的教学研究。教学研究是教学成熟和发展的重要因素。正因为教学中会碰到各种各样的问题，才会引发教学工作者的思考。从"以教师为中心"到"以教师为主导，以学生为主体"的变化，从仅仅重视教学法的研究到注重教授者和学习者双重因素的研究，就是语言教学研究不断深入的体现。语言教学中还有很多问题没能很好地解决。

三、第一语言教学和第二语言教学

(一)第一语言教学

1.什么是第一语言

第一语言是指一个人出生后最先接触并获得的语言。例如,一个儿童出生后首先接触并获得了汉语,汉语就是他的第一语言。同样,一个儿童出现后先接触并获得的是英语,那么英语就是他的第一语言。

2.母语

母语是“一个人最初学会的一种语言,在一般情况下是本民族的标准语或某一种方言”,这种“母语”通常被译成 mother language。还有人认为,母语是指“本民族的语言”,这个意思常被译为 native language。母语还可以被解释为一个语系中作为其他语言共同起源语的语言,如拉丁语被认为是法语、意大利语、罗马尼亚语等所有罗曼语的母语,这个意思通常被译成 parent language。要想弄清楚第一语言和母语的关系就必须先对母语进行明确的界定。母语就是指父母乃至多代以前一直沿用下来的语言。母语具有继承性,它体现了人们世代的语言关系。一个人出生之后通常是继承了母语,母语通常也就成为他的第一语言。例如,一个汉族儿童自幼所习得的语言就是他祖祖辈辈沿用下来的汉语,汉语就是他的母语,当然也是他的第一语言。

一个人从小接触并获得的第一语言,一般都是从父母一辈习得的,他习得了前辈的语言,即“母语”,这是最常见的情况,所以人们通常把第一语言和母语等同起来。其实,尽管第一语言与母语之间的关系十分密切,但二者是两个不同的概念,第一语言不等于母语。第一语言可能是母语,也可能不是母语。就多数人而言,母语是人们的第一语言。但由于种种原因,有些人习得的第一语言并非母语,如中国少数民族的小孩在汉族地区长大,首先习得了汉语,汉语是他的第一语言,却不是他的母语。对于那些移居国外的人来说,其子女出生后首先接触并获得的语言可能也不是母语,如移居美国的华侨,其子女从小就不学说汉语,而是先学说英语,他们的第一语言是英语,而不是母语汉语。母语缺失现象的存在有力地说明了第一语言和母语的不同。在内涵上,第一语言的立足点是获得语言的顺序,而母语不完全是获得语言的顺序问题;在外延上,二者所指称的对象是交叉关系。第一语言是语言学的概念,而母语则更多地牵涉到民族学问题。

3.本族语

第一语言也不等同于本族语。本族语也称“民族语”,是指语言习得者自己的民族所使用的语言。通常来说,每个民族都有自己独立的语言,如汉族有汉语、维吾尔族有维吾尔语、俄罗斯有俄语。一个人儿时从父母那里习得本民族语言,这时,他的第一语言和本族语是一致的;但一个人儿时从父母或当地社团那里习得外族语言,这时他的第一语言就不是本族语,于是出现了第一语言与本族语分离的现象。

4.第一语言教学的定义与特点

(1)第一语言教学的定义

第一语言教学一般是本族语教学或母语教学，它主要是指儿童习得第一语言之后有意识地继续学习第一语言而进行的正规的学校课堂教学活动。汉族儿童出生之后首先习得汉语，汉语就是他习得的第一语言，入学后继续学习汉语，在学校里所进行的一系列汉语教学活动就是第一语言教学。第一语言教学通常开始于正规的学校教育，一般是在小学阶段。儿童入学之后，就进入第一语言的学习阶段。在学习过程中，有教师指导、有教学大纲等，通过有目的、有计划的教学活动，学生不仅学习了本族语系统的语言知识，同时也学习了语言所负载的本民族的风俗习惯和传统文化，语言知识的获得和对客观世界的认识是同时进行的。

(2)第一语言教学的特点

第一语言教学的特点是：学习者都有一定的语言基础，已经基本具备运用该语言进行交际的能力；时间充裕，有很好的语言环境，练习实践的机会多；学生和教师之间交流不存在语言障碍；教学更注重语言的形式；掌握文化主要是靠习得，在这里语文教学起很大的作用，学生通过学习语文，既能够掌握语言知识，提高语言运用能力，又能够学习文化，并从中受到道德教育。

(二)第二语言教学

1.第二语言的含义

第二语言是指一个人掌握了第一语言之后所学的另一种或多种其他语言。第一语言与第二语言是按语言学习的先后顺序来划分的，先习得并掌握的语言是第一语言，后习得或学习的语言不管有多少种，都属于第二语言。第二语言可以是外国的语言，也可以是本国其他民族的语言。第二语言一般是非母语、非本族语，特殊情况下也可以是自己的母语或本族语。

2.目的语

目的语是指人们正在学习并希望通过学习获得的任何语言。在语言教学过程中，不管是外语还是非本族语，甚至是母语，只要是学习者希望掌握的语言，都可以称它目的语。第二语言的学习一般是目的语的学习，但第二语言不等于目的语。

3.外语

外语就是外国的语言。外语属于第二语言，但第二语言却不一定都是外语，二者的所指范围不同。第二语言多数都是指外语，但除了外语，还包括本国其他民族的语言或本族语之外的本国通用语。在中国，中国人学习的英语可以称为“外语”，而少数民族学习汉语，或汉族学习少数民族语言，一般不叫“外语”，而叫作“第二语言”。中国人学习的外国语言如英语、法语等，既可以称为“第二语言”，又可以统称为“外语”。第二语言与外语之间是包容关系，第二语言的所指范围要比外语广，它既包括外语，又包括本国其他民族的语言等。这两个概念有联系、有交叉，也有明显的区别。不过近年来在术语的使用上，第二语言教学界出现了用“第二语言”取代“外语”的趋势。

4.第二语言教学的定义与特点

(1)第二语言教学的定义

第二语言教学是与第一语言教学对应的，主要指人们在习得、掌握第一语言后，在学校环境里进行的正规的学习其他语言的教学活动。

第二语言教学包括外国学生在目的语国家的学校里进行语言学习的教学活动，还包括学习者在本国的外语院校进行第二语言学习的教学活动，又包括本国某一民族的学生在本国学校里学习本国其他民族语言的教学活动。

(2)第二语言教学的特点

第二语言教学包括“教”和“学”两个方面。第二语言教学研究既要研究“教”，又要研究“学”。“教”包括课堂组织、课堂教学技巧、教材的编写、成绩的测试等，“学”包括学习者的心理和学习的规律等。

第二语言教学与第一语言教学都是语言教学，二者有着共同的语言学习规律，但由于教学对象、教学环境以及学习者文化背景等方面的不同，第二语言教学与第一语言教学也存在一定的差异，并形成了自己的特点。

第五章　基于语言学理论的英语教学策略

第一节　基于认知语言学的英语教学策略

一、基于认知语言学的大学英语教学模式构建

(一)理论依据

认知语言学的四项理论构成基于认知语言学的大学英语教学模式的主要理论为依据，它们分别是涉身观、构式观、概念观和使用观。

1. 涉身观

涉身观是指人们通过身体部位和动作表达情感、态度、意图等信息的观念和行为。在语言中，涉身观体现为通过动词、形容词、名词等词汇来表达身体部位和动作，进而表达情感、态度、意图等信息。例如，“握手”“拥抱”“点头”等词汇可以表达亲热、友好、尊重等情感和态度，而“走”“跑”“跳”等动作则可以表达意图和目的。

涉身观在语言和文化中具有重要的地位，它不仅是语言交流中的重要组成部分，也反映了社会文化的特点和人们对身体的认知和理解。在跨文化交流中，了解不同文化中涉身观的差异是非常重要的，因为这些差异可能会导致误解和沟通障碍。

2. 构式观

构式观是语义学中的一个理论，强调语言的语义是由词汇和词汇之间的关系构成的结构所决定的。该理论认为，语言的语义是由语言中的各种“构式”组成的，这些构式是一种特殊的语言形式，具有固定的语义，可以由词汇和其他语法单位组成。这些构式可以是词汇搭配、语法结构、动词语义、语用信息等。

例如，在英语中，“take ＋ object”构成了一个固定的构式，表示“拿起某物”。同样地，“subject ＋ verb ＋ object”是一个基本的语法构式，在语言中具有广泛的使用。

构式观认为，语言的语义是通过这些固定的构式来实现的，而不是通过单个词汇的语义来实现的。这种理论对于语言学研究的重要性在于，它揭示了语言语义的组成方式和运作机制，为语义学的研究提供了新的思路和方法。

3. 概念观

概念观是一种将语义学与哲学相结合的语义学理论，强调语言中的概念是如何被建立和使用的。该理论认为，概念是语义的核心，而语言中的词汇和句子则是用来表达这些概念的符号。概念观的主要思想是，语言和思维之间存在着密切的联系，语言是思维的外在表现

形式，而概念则是思维的内在基础。

概念观主张，语言和概念是相互关联的，概念是语言语义的核心。在概念观中，语义学的研究重点是语言中的概念结构，概念是语义的最小单位。同时，概念观还关注概念的本质特征、概念之间的关系以及概念的形成和发展过程等问题。

总的来说，概念观强调了语言与思维的密切关系，强调概念在语义中的重要地位，为语义学的发展提供了新的理论基础和研究方法。

语言的语义是与文化紧密相关的，因为语义是通过符号传达的，而符号本身就是文化的产物。因此，不同文化的符号系统也有着不同的语义。学习者需要了解母语和目标语的文化差异，并通过对比和联系来掌握正确的语义。这也是跨文化交际中的重要一环。

4.使用观

使用观是指语言使用中的语义现象。它强调了语言使用的社会和交际背景对语义的重要影响，同时也强调了语义的变化和多义性。使用观将语义研究从狭义的词汇和句法层面拓展到更广阔的社会语言使用层面，包括话语分析、语篇分析、语用学等领域。使用观不仅关注语言的表面语义，也关注语言背后的意图和目的，强调语言使用者的目的和语境对语义的影响。因此，使用观被认为是一种更加综合和全面的语义研究方法。

（二）教学原则

1.体验原则

体验原则是指在语言学习中，学习者的个人体验对于学习的影响非常重要。这个原则认为，学习者通过体验语言的使用情境，能够更好地理解语言的语义和使用方式。因此，在语言学习中，应该尽可能地创造出真实的语言使用情境，让学习者亲身参与，以便更好地理解和掌握语言的语义和使用方式。

体验原则在语言教学中得到了广泛的应用。传统的语言教学注重语言知识的传授，强调语法和词汇的学习，但往往缺乏真实的语言使用情境。而体验原则要求在语言教学中注重学习者的体验，将语言知识与实际语言使用情境相结合，让学习者亲身体验和实践。这种语言教学方式可以更好地激发学习者的学习兴趣，提高学习效果，使得学习者能够更好地掌握语言的语义和使用方式。

2.词汇—语法连续体原则

词汇—语法连续体原则是指词汇和语法是相互依存的，二者不应该被划分为彼此独立的领域。在语言学中，词汇是构成句子的基本单位之一，而语法则是描述句子结构和构成的规则体系。因此，词汇和语法是构成语言系统的两个重要组成部分。

词汇—语法连续体原则的基本思想是，语言单位的含义不仅由其词汇构成决定，还与其在语法结构中的位置和作用密切相关。因此，在学习和教授语言时，应将词汇和语法视为一个连续体，而不是分开学习和教授。这样可以帮助学习者更好地理解和运用语言。

该原则的提出和发展得益于一些语言学家的工作，他们认为，语言的语义不仅来自单个单词的含义，还与句子结构和语境等多方面因素相关。在他们看来，语言是一种社会行为，具有丰富的语用功能和文化内涵,因此词汇和语法必须作为一个整体来学习和理解。

3.概念化原则

概念化原则是指将非概念化的信息转换为概念化的形式,以便更容易地被理解和处理。它是语言学习和认知过程中的一项基本原则,旨在将丰富的非概念化信息转化为简洁的、易于理解的概念形式。

概念化原则涉及语言中的抽象化和归纳化过程。它是一种从具体事物到抽象概念的思维方式,是人类思维的基础之一。通过概念化,人们可以将复杂的信息转换为简单的抽象概念,并在认知和语言交流中使用它们。

在语言学中,概念化原则是指通过一系列的语言手段(如名词、动词、形容词、副词等)将具体的语言符号抽象化为更为抽象和通用的概念,并将它们组合成复杂的语言结构。这样做可以大大提高语言的表达能力和表达效率,使人们更加准确地理解和使用语言。

4.使用原则

使用原则是指在语言学习过程中,学习者需要注意到语言的使用情境,即语用方面,而不仅仅是语法和词汇的知识。使用原则的核心是学习者需要知道在什么情境下使用哪些语言形式是最为恰当和合适的。使用原则的目标是帮助学习者培养语用能力,即能够根据不同的交际目的、场合、听众和说话人等因素来灵活、准确地使用语言。

使用原则包括以下方面:

①礼貌原则:在交际中,遵循礼貌原则,尊重对方的权利和感受。

②适应原则:根据不同的交际情境和社会文化背景,选择适当的语言形式和行为方式。

③合作原则:在交际中,遵循合作原则,即根据对方的言语行为,积极地配合对方的意图和需要,实现交际的顺利进行。

④意义原则:在交际中,遵循意义原则,即清晰、准确地表达自己的意图,并理解对方的意图。

⑤国际原则:在跨文化交际中,遵循国际原则,即根据不同的文化背景和价值观,理解和尊重对方的文化,实现交际的和谐、有效。

(三)教学模式

教学模式充分结合了语言学习的认知特点和学习者的个体差异。通过提供具体的体验活动,学习者可以更好地理解和掌握语言知识,同时也可以更好地应用语言进行交际。通过构式习得的方式,学习者可以更加深入地理解语言规则,使得语言知识更加深入和牢固。通过篇章输出的手段,学习者可以将所学语言知识运用到实际情境中,提高语言应用能力。同时,四项教学原则也为教师提供了具体的指导和方法,以更好地帮助学习者掌握英语语言知识。

教学模式是指在特定的教育理念、教育目标和教育环境下,为实现教学目标而采取的教学策略和教学方法的总体安排。教学模式主要包括教学理念、教学目标、教学内容、教学方法、教学手段、教学评价等要素,它们相互作用、相互制约、相互促进,共同构成了一个科学合理、有效、可行的教学系统，为学生的学习提供了有效支持。常见的教学模式有讲授式、研讨式、案例式、探究式、实践式、网络式等。

二、基于认知语言学的大学英语教学模式的特点与应用

(一)教学模式的特点

基于认知语言学的大学英语教学模式中，四项教学原则紧密关联，相互影响，教与学始终处于动态变化过程之中。这一模式主要有以下三个特点。

1.认知与情感协同发展

学习者参与体验活动而形成的情绪是教学的逻辑起点；进入构式习得阶段之后，学习者的高级推理能力会影响创造力，理性思维会影响情绪思维。情绪思维的发展为学习、记忆、判断、决策以及创新搭建平台。

2.形式、意义与功能协同发展

直接法、情景法、沉浸法及交际教学法均未能有效实现培养交际能力的目标，其原因基于语言学理论的英语教学策略研究在于对学习者的语言知识分析能力培养没有给予应有重视。认知语言学视域下的教学模式以构式习得为教学目标，强调培养学习者概括、抽象并创造性使用构式的能力，以期实现语言形式、意义与功能的整体习得。

3.语言、文化与思维协同发展

在构式习得阶段，教师显性教学中使用的原型范畴理论、概念隐喻和转喻理论对培养学习者的语言意识和文化意识具有直接的指导意义。教师让学习者在预设的模拟真实语境中输出篇章，完成交际任务，提高语言使用能力，并获得相应的社会和文化知识信息。体验活动使用游戏、问答、全身反应、实物操作等方式激发学习者的行动性思维，构式习得阶段使用范例图示等方式激发学习者的图形性思维，篇章输出阶段激发学习者的符号性思维，由此提升教学效率和效果。

(二)教学模式的应用

教学模式是针对特定教学目标、教学内容和教学对象而设计的，因此应用范围非常广泛。对于大学英语教学来说，可以根据教学目标、教学内容和教学对象的特点，设计适合的教学模式，以提高学习者的学习效果和语言运用能力。以下是应用教学模式的具体方法：

①在语言输入和输出的过程中融入体验活动，以帮助学习者深入理解语言的语义和功能。

②通过构式习得，让学习者通过体验和反思逐渐建立语言结构的认知体系，提高语言运用的准确性和流利度。

③强调概念化原则，在词汇教学中通过归纳概念、分析语义关系等方式，帮助学习者理解词汇的内涵和外延，以提高词汇运用的灵活性和丰富度。

④强调使用原则，在教学中注重提高学习者的语言实际运用能力，通过模拟实际语言场景，帮助学习者掌握语言的实际使用技能。

⑤结合文化和思维特点，帮助学习者理解语言背后的文化和思维特点，从而更好地理解和运用语言。

总之，教学模式是一种教学策略，可以根据具体的教学目标和教学对象，灵活应用，提高教学效果。

第二节　基于结构主义语言学的英语教学策略

一、基于结构主义语言学的英语听说教学策略

结构主义语言学是20世纪初在欧洲兴起的一种语言学理论，主要强调语言结构的形式和规律，认为语言中的单个语音、词汇和句子都是按照一定规律组织起来的。

在结构主义语言学的基础上，美国学者创立了听说法这一英语教学法。这种教学法主要以口语为主，注重口头交流，采用机械重复和模仿训练的方式帮助学习者掌握语言技能。听说法在英语教学界引起了广泛的关注和应用，尤其是在20世纪50年代至60年代成为英语教学的主流方法之一。

尽管听说法存在诸多缺点，如无法充分满足学生的语言需求、缺乏文化意识和语用能力等，但其注重语音、语调和语法的练习方式，以及重视口语交际的理念，为后来的英语教学法提供了借鉴和参考。同时，结构主义语言学在词汇、语法和语义等领域的研究成果也对英语教学产生了一定的影响，为英语教学提供了更加科学的基础和理论支持。

（一）结构主义语言学听说教学法概述

1.“听说教学法”的教学模式与教学特征

以“听说教学法”为基础而形成的教学模式可归纳为：机械性操练—背诵—理解性操练—使用。这种重复而机械的句型操练对学习者掌握目标语言的基本表达方式发挥着重要的作用。20世纪60年代一系列的探究，也证实了听说法能够使学习者掌握目标语言中基础而核心的表达方式。因此，通过重点句型教学在语言教学过程中有其一定的重要性。下面我们就具体阐述听说教学法的特征。

(1)听说为先，兼顾书面语

听说为先，兼顾书面语是现代英语教学的一个重要理念，强调英语教学应该以口语和听力为基础，同时也要兼顾书面语。这一理念源于美国结构主义语言学的思想，认为语言的口语和书面语是相互关联的，但口语和听力是语言的核心，因为语言最初是通过口头传递和交流的。因此，在英语教学中，应该把重点放在口语和听力上，以便学生能够更好地掌握英语，进而更好地应用到书面语的学习中去。

但是，兼顾书面语也是必要的。因为在现代社会中，书面语是非常重要的沟通工具。而且，许多学生学习英语的原因之一就是想要读懂外文原版书籍、报纸、期刊等，因此对书面语的掌握也非常重要。在教学中，需要通过合理的教学方法和材料，让学生在学习口语和听力

的同时,也能逐步掌握书面语的技能。

总之,听说为先,兼顾书面语的教学理念可以提高学生的英语学习效果和实用能力,更好地满足学生的学习需求。

(2)反复实践,形成习惯

反复实践是形成良好语言习惯的关键之一。在语言学习中,不仅要掌握语言知识,还需要不断地进行语言实践,如口语练习、听力练习、写作练习等。通过反复实践,能够逐渐形成语言表达的习惯,使语言变得更加流畅自然。同时,反复实践还有助于加深对语言规律的理解和掌握,促进语言能力的提高。因此,在语言学习中,反复实践是一个非常重要的环节。

(3)句型为纲,组织教学

句型为纲是一种以句子结构为中心的教学方法。该方法将句子结构作为学习和教学的基本单元,以句子为纲,逐步展开语言知识和技能的学习。它注重语言的内部结构和规律,通过学习和掌握句型的方式来提高学习者的语言运用能力。

在句型为纲的教学中,教师通常会根据不同的语言难点,选取一些典型的句型作为教学内容,然后通过反复的练习和实践,帮助学习者逐步掌握这些句型的结构和用法,进而提高他们的语言表达能力。

该教学方法的优点是:它能够将语言知识和技能组织成一种系统化的结构,便于学习者逐步掌握和运用。同时,它也能够帮助学习者提高语言表达的准确性和流畅性,从而增强他们的语言自信心和交际能力。但是,句型为纲的教学方法也存在着一些缺点,例如,可能忽略了语言的灵活性和多样性,以及语言的交际和文化背景等因素。

(4)趣味性与实用性并重

趣味性和实用性并重是一个好的教学原则,尤其对于英语教学来说。教学内容需要趣味性,能够吸引学生的兴趣,激发学习动机,提高学习效率。同时,教学内容也需要具有实用性,学生能够将所学的知识应用到实际生活中,才能够真正掌握和理解所学内容的价值。因此,在设计教学内容和活动时,应该充分考虑学生的兴趣和需求,注重实用性,同时通过趣味性的形式来展示和讲解知识点,以此来提高学生的学习效果。

2. 听说教学法的意义

随着社会的发展和教育改革的深入,大学英语教学的目标也在不断调整和更新。现在的大学英语教学目标已经不再仅仅是培养学生的阅读能力,而是要求学生在听、说、读、写各个方面都能够达到一定的水平,特别是听说能力和交际能力的培养越来越受到重视。

在教学方法的选择上,也需要紧密结合新的教学目标,采用更为灵活、多元的教学方法。除了传统的课堂讲授和阅读训练外,还需要结合多媒体技术、课堂互动、小组讨论、语言实践等多种教学手段,帮助学生在不同的语境中学习、实践语言技能,提高学生的语言综合能力和交际能力。

同时,在教学内容的选择上,也需要注重语言应用的实用性和趣味性,紧密结合学生的实际需求和兴趣爱好,设计有针对性和趣味性的教学内容,使学生更容易接受和掌握所学知识,形成更为深刻的学习印象和习惯。

听说教学法在以下几个方面发挥了积极的作用:

①听说教学法主张通过不断的练习提高口语表达能力。就现状而言,大学生口语练习远远不够。因此,课堂中使用听说法教学对学生口语表达能力的提高会有很大的帮助。

②在使用听说教学法的课堂中,学生需要记忆目标语言中许多重要的句型和表达方式。虽然综合的语言学习方法十分重要,记忆在语言学习中也起到了不可忽略的作用。

③通过听说教学法,学生进行口语练习的自觉性及意志力都能得到很大的提高。口语练习需要学习者具备吃苦耐劳的精神,这种精神在语言学习中是不可或缺的。

3. 听说教学法在实际应用中的优势与问题

(1)优势

①强化口语能力:听说教学法强调口语的训练,使学生能够在口语交际中更为自如和准确地运用语言,从而增强学生的口语能力。

②提高听力能力:听说教学法注重听力训练,通过反复练习和模仿,帮助学生提高听力能力。

③增强交际能力:听说教学法注重培养学生的交际能力,通过模拟真实的交际场景,帮助学生学会如何使用语言进行交流。

④促进语言习得:听说教学法注重语言习得,通过让学生从语言输入中自然地习得语言,从而使学生能够更好地掌握语言。

⑤培养学生学习兴趣:听说教学法通过趣味性的教学方法,能够激发学生的学习兴趣,使学生更加愿意参与到语言学习中。

总之,听说教学法通过注重口语能力、听力能力、交际能力和语言习得,以及趣味性的教学方法,使学生能够更加自如地运用语言,从而达到更好的语言学习效果。

(2)实际应用中的问题

①听说教学法重视的是口语交际能力的培养,而书面语的训练相对较少,可能导致学生在书面表达能力上的欠缺。

②听说教学法在实践中需要花费大量的时间和精力,可能会导致其他语言技能的疏忽和忽视,需要在课堂时间和教学设计上做好平衡。

③听说教学法需要注重实践和实践的反馈,需要教师在教学过程中不断给予学生反馈和指导,而这需要教师的专业水平和经验。

④听说教学法需要大量的语言输入和互动交流,可能会受到教学资源和环境的限制,需要在实践中适当调整和改进。

总之,索绪尔最早提出的语言系统观、语言符号观为后来结构主义语言学的发展奠定了基础。美国结构主义语言学派继承和发展了索绪尔语言“系统”的理论,注重语言的口语和共时描写,注重语言形式的描写和分析,并通过科学研究将结构主义语言学的研究成果运用于英语听说教学法中,使英语教学从一种技能转变为一门科学,学习者能够更快、更好地学习英语。

（二）现阶段提倡听说教学法的必要性

随着我国加入WTO，社会主义市场经济健康发展，合资企业、独资企业日益增多。跨文化交际使得英语这门国际性语言越来越显示出它的重要性，这对我们高等院校创新英语人才的培养模式提出了更高的要求。

我们教学的对象是高中毕业进入高校的学生。就词汇量来说，我国中学生中学毕业时掌握的词汇量一般为1800个。而根据国外权威机构的调查，一个人的英语词汇量低于6000时，其用英语进行交际时便会遇到严重困难。我们不能回避这样一个现实，即：中学英语教学有950学时，学习者只掌握了1800个单词；而大学英语教学的260～320学时中，学习者则要掌握4200个以上的单词。要想在大学英语教学中迅速弥补词汇量的不足是比较困难的。如果在大学阶段还继续使用以语法、阅读为主的传统授课方法，可想而知，毕业时学生虽学到了大量的词汇和语法知识，但缺乏英语的听说能力，实际运用中，不会说也听不懂英语。因此，我们有必要顺应新形势，提倡以听说为主的教学法。

在大学英语教学中语言基础知识是语言运用的前提，而语言运用能力的训练反过来也会促进语言基础知识的掌握。以听说为主的教学法不仅能极大地提高语言运用能力，也使得语言基础知识在运用中得到进一步理解、巩固和加强。因此，听说教学法能够满足新形势下高校培养外语人才的要求，是很有必要提倡的。

（三）听说教学法实施步骤及策略

1.课前：学生充分预习

课前预习是学生自主学习的重要环节，可以提高学生对课程内容的理解和掌握程度，有助于学生更好地跟进课堂教学内容。以下是促进学生有效预习的方法：

①给予学生清晰的预习任务和目标：在课程计划中提前给学生布置预习任务，明确要求学生在预习中应关注哪些内容和解决哪些问题。

②提供相关的学习材料：为学生提供相关的学习材料，如教材章节、参考书籍、网络资源等。

③引导学生积极思考：在预习任务中加入思考问题，引导学生积极思考和提出疑问，有助于激发学生学习兴趣和主动性。

④提供学习指导和支持：为学生提供学习指导和支持，如参考答案、解题思路等。

⑤鼓励学生交流合作：鼓励学生在预习中相互交流合作，共同解决问题，有助于提高学生的学习效果和学习兴趣。

2.课中：全英授课，纠正发音

在课中，全英授课是听说教学法的一个核心特点。教师应该尽量使用英语进行教学，让学生通过模仿和练习掌握语音、语调和语音连读等基本技能，提高听力和口语水平。同时，教师应该及时纠正学生的发音错误，帮助他们养成正确的发音习惯。为了使学生更好地理解和掌握课堂内容，教师可以使用图片、视频、PPT等多种教学工具，激发学生的兴趣，提高学习效果。

3. 课下：复习巩固，背诵课文

在课下，学生可以进行复习巩固，加深对课文的理解和记忆。同时，背诵课文也是提高口语能力的有效方法之一。教师可以布置课后作业，让学生在家中继续进行听说训练，例如，录制口语练习并提交作业，或者利用线上平台进行听力练习。另外，学生还可以通过自主学习来提高听说能力，如听英语广播、观看英语电影或剧集等。学生还可以自己制定学习计划，每天练习一定时间，逐步提高听说能力。

二、基于结构主义语言学的英语阅读教学策略

（一）英语阅读基本结构教学

英语阅读基本结构教学是指通过教授英语阅读的基本结构，帮助学生提高阅读理解能力的教学方法。这种教学方法强调通过阅读文章的结构来理解文章的主旨和具体内容，而不是仅仅对单词和语法进行理解。

以下是英语阅读基本结构教学的几个关键点：

①教授文章结构：学生需要学会识别文章的主题句、段落主题、支持句和细节等内容，这些都是文章的基本结构。在教学过程中，教师可以使用如图表、图像和关键词等工具来帮助学生理解文章结构。

②提高词汇量：学生需要具备一定的词汇量才能正确理解文章。教师应该注重词汇的教学和记忆，可以通过课堂教学、课外阅读和词汇测试等方式来提高学生的词汇量。

③练习阅读技巧：学生需要掌握一些阅读技巧，如快速阅读、扫读、精读和略读等。在教学中，教师可以通过模拟练习、小组讨论和角色扮演等方式来帮助学生练习阅读技巧。

④强化阅读策略：阅读策略是指学生通过不同方式来理解文章，如推测、比较、归纳和总结等。教师可以通过课堂讨论和练习来强化学生的阅读策略，提高他们的阅读能力。

总的来说，英语阅读基本结构教学注重培养学生的阅读理解能力，帮助他们在阅读英语文章时更快、更准确地理解文章的主旨和内容，提高阅读水平。

1. 基本句型结构

基本句型结构是指语言中最基本的句子结构，通常由主语、谓语和宾语组成。主语通常是句子中的主要名词或代词，表示动作的执行者或者状态的拥有者；谓语通常是动词，表示主语的动作或状态；宾语通常是动作的承受者或者状态的客体。基本句型结构可以表示简单的陈述句、肯定句、否定句和一般疑问句等。例如：

I have a pen.（我有一支钢笔。）—— 简单的陈述句

She is a student.（她是一个学生。）——简单的肯定句

They do not like bread.（他们不喜欢面包。）——简单的否定句

Can you speak Chinese?（你会说汉语吗？）——简单的一般疑问句

2. 基本段落结构

基本段落结构通常包括三个部分：主题句、支持句和结论句。

主题句是段落的中心思想，它可以位于段落的开头、中间或结尾。主题句通常是简单明了的陈述句，用来引出段落的主题，指明段落要讨论的内容。

支持句用来支持主题句，提供更具体的信息和细节，从而使主题句更加清晰和具体。支持句通常是描述性句子、举例句子、比较句子、因果关系句子等。

结论句是段落的结束句，通常用来总结段落的内容或提出段落的结论。结论句可以是陈述句、建议句、疑问句等形式，它可以强调主题句的重要性，也可以展示作者的观点和态度。

以上三个部分构成了基本段落结构，能够使文章组织更为清晰、连贯、有逻辑性。

3.基本文章结构

英语文章的基本结构通常包括引言、主体和结论三部分。

引言部分是文章的开头，一般包括一个引人入胜的开头句子，引出文章的主题和内容，并为主体部分的展开提供背景信息和铺垫。

主体部分是文章的重点，主要展开文章的主题，并提供详细的论证和支持，通常包括几个段落，每个段落只讲一个主题，结构清晰，逻辑严密。

结论部分是文章的结尾，通常总结和概括文章的主要内容和结论，强调文章的主题，提供一个有力的结论或建议，引导读者进一步思考或行动。

当然，不同类型的文章结构也可能有所不同，例如，新闻报道可能包括标题、导语、正文、配图等不同部分。

对于学生来说，理解文章的整体结构和作者的意图是阅读的基础，有助于提高阅读的效率和准确性。同时，教师在教学中也可以适当地引导学生去模仿、仿写文章结构，以提高学生的写作能力。

4.文化背景结构

文化背景结构是指一个作品所处的历史、社会、文化背景对作品产生的影响和作品对文化背景的反映。文化背景结构对于理解一个作品的意义和价值具有重要的作用。

在阅读教学中，教师可以通过对文化背景结构的讲解来帮助学生更好地理解作品，把握作品的意义和价值。例如，教师可以讲解《哈姆雷特》中所反映的伊丽莎白时代的政治和社会背景，以及作品中的文化符号等。

在文化背景结构的讲解中，教师需要充分考虑学生的背景知识和阅读能力，尽可能用简单易懂的语言和例子来讲解，让学生能够真正理解作品所处的文化背景，从而更好地理解作品本身。同时，教师也应该充分尊重学生的文化背景，鼓励学生在理解作品的过程中发挥自己的思维和判断能力，形成自己独特的理解和见解。

确实，语言和文化之间有着紧密的联系，语言是文化的一种表达方式，文化也是语言的内在驱动力。在阅读理解中，文化背景常识是非常重要的一个方面，它涉及读者是否能够理解和解释文本中隐含的文化信息。例如，如果一个学生不了解“老鼠与麻雀”的文化背景，那么他可能无法完全理解这个成语所表达的意思。因此，了解文化背景常识是阅读理解中不可或缺的一部分，可以帮助读者更好地理解文本，掌握文化内涵，进而提升语言和文化的水平。

众所周知，影响学生阅读理解的一个重要原因是缺少相应的文化背景知识，因此，英语教师不仅要传授给学生地道的英文表达形式，更要使其了解相应的文化背景知识，因为英语语言中包含丰富的文化内涵，有时并不是仅靠查字典就能解决问题的。教师在帮助学生掌握英语语言本身的同时，指导学生有意识地学习和内化英美文化，即将文化知识教学与语言规范学习有机统一起来，对加强学生的英文知识能力，提高英文阅读水平是大有裨益的。

(二)“专题—模块”教学模式在英语专业阅读教学中的应用

“专题—模块”教学模式是一种将整个教学内容按照主题分成不同的模块进行教学的模式，对于英语专业阅读教学来说，这种模式可以帮助学生更加系统地掌握和应用英语阅读技能和知识。下面是具体的应用方法：

①确定专题：在每个学期开始前，确定教学专题，如商务英语阅读、文学英语阅读等。每个专题都应该包括一些关键主题，这些主题应该覆盖整个专题的知识点。

②制定模块：在每个专题中，按照主题设计不同的模块，每个模块都应该有自己的主题，学生应该按照这些主题学习和掌握阅读技能和知识。例如，在商务英语阅读专题中，可以包括如商务英语单词学习、商务英语短语学习、商务英语阅读技巧等模块。

③教学实践：根据模块和主题进行教学，让学生了解和学习每个主题和模块中的相关知识和技能。教师可以通过讲解、讨论、分组演练等方式进行教学，让学生充分参与其中，提高学生的学习兴趣和效果。

④整合专题：在教学结束时，进行专题整合，让学生将所学知识和技能整合起来，形成完整的知识体系和技能链条。同时，教师也可以通过考试、作业等方式对学生进行综合评价，检验学生的学习成果和效果。

“专题—模块”教学模式，可以使英语专业学生更加系统地掌握和应用英语阅读技能和知识，提高学生的学习效果和兴趣，为他们未来的职业发展奠定基础。

第三节　基于文化语言学的英语教学策略

文化语言学理论给我们提供了一种新的教学理念，对外语教学的教学方式和方法的改革产生了积极的推动作用，同时也对教师的理论素养、语言文化素养和教学实践能力提出了更高的要求。

一、英语文化教学的一般策略

(一)介绍不同的文化背景

由于各个文化背景的差异性，学生习惯于传统的中国文化，而对于西方的文化背景缺乏基本的了解。因而，对于介绍中西文化的差异便是大学英语文化教学的重要环节。可采取的方式有：讲授语言知识之前，对于西方的某一文化进行介绍或在某一知识点上进行延伸、扩展，例如，对于复活节的讲解，可从其产生的来源、相关人物、庆祝方式等介绍；同时，可先让学生发表自己对于西方文化的认识，并与中国文化的区别，教师进行归纳总结。总之，对于英语文化的学习，要让学生充分了解不同的文化背景，做到“知己知彼”，正确地掌握英语方法。

(二)课堂活动的灵活多样性

1.建立文化讨论组

建立文化讨论组是英语专业阅读教学中的一种有效方式。这个组可以由教师组织，也可以由学生自己组织。组内的成员可以是同班同学，也可以是不同班级的学生。在组内，成员可以共同探讨文化背景知识、文化差异和文化体验等话题，从而加深对所学内容的理解和记忆。

在建立文化讨论组时，可以考虑以下几点：

①主题明确：确定每次讨论的主题，可以是与课程相关的文化背景知识，也可以是当前热点话题或学生感兴趣的话题。

②规则制定：制定组内规则，如讨论时间、讨论顺序、发言时限等，以保证讨论的顺畅和效果。

③组员分工：可以根据不同组员的兴趣和特长，分配不同的角色和任务，如主持人、记录员、总结者等。

④参考材料：为讨论提供相关的参考材料，如阅读材料、音频、视频等，以激发讨论兴趣和提高讨论质量。

⑤提供反馈：教师可以在讨论后对组员的表现进行评价和反馈，以鼓励优秀表现并指导不足之处。

建立文化讨论组有助于培养学生的批判性思维、表达能力和文化意识，同时也可以促进学生之间的交流和合作，提高课程的教学效果。

2.情景表演

情景表演是一种常见的英语教学活动，它可以帮助学生通过实践，更好地理解英语课堂所学的知识，提高英语口语表达能力和交际能力。在情景表演中，学生可以扮演不同的角色，通过对话的形式，模拟真实的场景，展现语言的应用，同时还可以培养学生的表达能力、自信心和团队协作能力等多方面的素质。

情景表演的设计应该注重真实性和趣味性。教师可以选择与学生生活、学习相关的场景，如订餐、购物、旅游等，让学生在情景中学习和运用语言。同时，教师可以通过增加一些趣味性的元素，如音乐、道具等，增加学生的兴趣和参与度。

情景表演的实施需要注意以下几点：

①明确任务：在情景表演前，教师应该明确任务和要求，让学生清楚自己的角色和任务，并提供足够的时间进行准备。

②角色扮演：学生可以扮演不同的角色，如服务员、客户、导游、旅行者等，让学生在情景中学习和运用语言。

③实际操作：情景表演应该是实际操作的过程，让学生在真实的场景中进行表演，不断

地改进和提高表达能力。

④反思总结：情景表演结束后，教师应该让学生进行反思总结，让学生对表演中的问题和不足进行反思和分析，并提出改进意见和建议。

总之，情景表演是一种非常有效的英语教学活动，可以帮助学生更好地理解和运用英语语言，提高英语口语表达能力和交际能力。

（三）合理利用其他资源

1.利用网络资源

利用网络资源可以帮助学生更好地进行英语阅读学习，例如：

①在线词典和翻译工具：学生可以使用在线词典和翻译工具帮助他们理解生词和语句，同时可以加深对词汇和语法的理解。

②学术论文数据库：对于英语专业学生，学术论文数据库可以提供大量的英语原文阅读材料，同时也能帮助学生提升学术英语的阅读能力。

③在线阅读材料：网络上有大量的英语阅读材料，如新闻报道、科技杂志等，学生可以根据自己的兴趣选择合适的材料进行阅读。

④在线讨论平台：学生可以参加英语阅读相关的在线讨论平台，与其他学生一起分享阅读经验，讨论学习方法，提升英语阅读能力。

在线英语学习网站和应用程序：有许多在线英语学习网站和应用程序，可以提供词汇记忆和语法学习的支持，帮助学生更好地进行英语阅读学习。

2.邀请外教、留学生参与

邀请外教和留学生参与英语专业阅读教学可以帮助学生更好地了解目标语言的文化和语言习惯，也可以提供更加真实的语言输入和实践机会。外教和留学生可以担任教学助理、主讲课程或者参与课堂讨论和交流等形式，以不同的语言背景和文化视角为学生提供多元化的教学体验。在教学过程中，教师可以利用外教和留学生的特点和资源，开展跨文化交流和文化体验活动，拓宽学生的国际视野和跨文化交际能力。同时，与外教和留学生的合作也可以促进教师的教学思维和教学方式的创新和发展。

3.定期举行讲座

对于英语专业的学生来说，定期举行讲座是非常有益的。可以邀请英语教学领域的专家、学者、教育工作者等来进行讲解，以便学生更好地了解英语语言及其背后的文化背景。同时，讲座也可以让学生了解英语的最新发展趋势、新的教学方法和技巧等。此外，讲座还可以提供一个与专家、学者互动交流的机会，让学生在思想和学术上受益匪浅。讲座的话题可以涉及英语语言、文学、教育、文化等方面，以满足学生的不同需求和兴趣。

二、基于文化语言学的高校大学英语课程体系的策略

（一）将文化学和语言学融入大学英语课程体系，构建多元取向的大学英语课程目标

1.确立“实用性＋素养性”的大学英语课程目标

确立“实用性＋素养性”的大学英语课程目标意味着要充分考虑到学生的语言实际需求

和综合素质的培养。具体来说，可以采取以下措施：

①结合学生专业需求设置课程目标：大学英语的课程目标应该与学生所学专业及未来职业需求相结合，重点培养与其未来职业相关的语言技能，如听、说、读、写等。同时，可以加入与专业相关的文献阅读、文献写作等实用技能的训练。

②强化跨文化交际素养的培养：在大学英语教学中，除了注重语言技能的训练外，还应该注重跨文化交际素养的培养。学生需要了解不同文化背景下的语言习惯、社交礼仪等，以便更好地融入跨文化环境，增强交际能力。

③鼓励学生自主学习：在大学英语课程中，应该鼓励学生通过阅读、听力、口语等多种途径进行自主学习，增强其学习能力和自我管理能力。

④重视实践环节的设计：除了在课堂上进行理论学习和语言技能训练外，还应该设置一定的实践环节，如情景模拟、实地考察等，让学生将所学知识和技能应用到实践中，提升其实际应用能力。

⑤提高教师教学素养：教师需要具备丰富的教学经验和跨文化交际能力，注重多元文化视角的融合，针对不同学生的实际需求和英语能力水平，精心设计教学内容和形式，从而更好地实现实用性＋素养性的课程目标。

2.注意大学英语教材内容的多元化取向

在大学英语教学中，教材的内容应该具有多元化取向，涵盖丰富的主题和话题，以满足不同学生的需求和兴趣。例如，可以包括社会热点、文化差异、职业技能、科技发展等各种领域的话题，使学生可以学到丰富的知识和应用能力，同时也能够培养学生的跨文化交际能力和全球视野。此外，教材内容也应该注重实用性，涵盖实际生活中常见的语言场景和应用场合，如购物、旅游、工作等，帮助学生掌握实际应用的英语技能。在确定教材内容时，还应考虑到学生的不同背景和学习需求，适当地引入相关的文化、历史、社会背景等内容，以提高学生的综合素养和文化认知水平。

3.加强大学英语课程实施的文化植入

①引入与文化相关的话题和素材：在课程中引入与文化相关的话题和素材，如不同国家的习俗、传统节日等，可以帮助学生了解不同文化的差异和特点，提高他们的跨文化交际能力。

②组织文化体验活动：通过组织文化体验活动，如参观博物馆、观看文化表演等，可以让学生亲身体验和感受文化，提高他们对文化的理解和认知。

③采用跨文化教学法：采用跨文化教学法，如对比教学法、交际教学法等，可以帮助学生更好地理解和应用文化知识，提高他们的跨文化交际能力。

④培养文化意识：在教学中注重培养学生的文化意识，如对不同文化价值观的比较和分析，可以帮助学生认识到文化对人的影响，提高他们的文化素养。

⑤教师文化素养的提高：教师要加强对文化的研究和理解，提高自己的文化素养，为学生提供更加全面和深入的文化教育。

4. 制定英语课程评价的文化导向

①文化因素的考察：在评价过程中需要对学生的文化背景进行考察和分析，因为不同文化背景的学生对英语的学习方式和理解会有所不同，评价应该考虑到这些因素。

②文化交流的能力：大学英语教育的目标不仅仅是传授英语语言知识，更重要的是培养学生的跨文化交际能力。因此，评价应该注重学生在跨文化交际方面的能力表现。

③文化素养的培养：大学英语教育还应该注重培养学生的文化素养，包括对不同文化的认识、理解和尊重等方面。评价应该考虑学生在这方面的表现。

④职业能力的培养：大学英语教育还应该注重培养学生的职业能力，包括英语应用能力和跨文化沟通能力等方面。评价应该考虑学生在这方面的表现。

基于以上考虑，评价方法应该多元化，包括听、说、读、写各个方面的能力评价，也应该包括作品评价、项目评价、考试评价等多种评价方式。同时，要确保评价结果的公正性和科学性，避免过分注重英语语言知识的量化指标，更应该注重培养学生的文化交流能力和素养。

（二）全方位考察大学英语课程的新维度，深化课程改革

1. 促进学生全面发展，发挥输送合格人才的社会价值

在当今世界日益紧密的联系和相互影响下，跨文化交流已成为必然趋势。大学英语课程的文化植入能够帮助学生更好地理解和应对跨文化交际中的差异和挑战，提高他们的跨文化交际能力，培养跨文化意识和国际视野，使其更加适应全球化时代的发展需要。同时，这也有助于促进文化多样性的传承和发展，弘扬民族文化，促进不同文化之间的相互理解和尊重。因此，将文化语言学理论应用于大学英语课程体系建设中是非常有意义和必要的。

2. 推动“大学英语”课程改革

①定位明确，教学目标清晰。在教学目标上，需要突出语言技能与文化素养的培养，既注重语言应用能力的培养，又注重跨文化交际能力的培养，以满足现代社会对英语人才的需求。

②教学内容多元化，注重文化植入。教学内容应该具有多元化的取向，不仅要涵盖英语基础知识的传授，还要结合不同的文化背景和话题，促进学生的跨文化交际能力的发展。

③教学方法创新，注重学生主体性。传统的大学英语教学模式以老师为中心，注重语言知识点的讲解和语言应用技能的训练，缺少学生主体性的培养。应该采用更加灵活多样的教学方式，如小组合作学习、案例教学、多媒体教学等，注重学生的参与度和主动性。

④评价机制科学合理，注重评价学生的综合能力。大学英语教学评价应该从单一的语言技能评价转向对学生综合能力的评价，评价内容应该包括语言能力、文化素养、跨文化交际能力等方面，评价方法应该多样化、科学化。

⑤教师队伍建设，注重教师的专业素养与教育教学理念的创新。大学英语教师应该具备扎实的语言基础知识、广泛的文化素养、科学的教育教学理念和方法，以及不断提升的教育教学能力。教师需要不断地学习、探索，不断更新自己的教育教学理念和方法，以适应不断变化的教育需求和学生需求。

3. 指导“大学英语”教学实践

①了解学生的需求和背景，制定适合的教学计划，以满足学生的需求，同时提高他们的语言技能和文化素养。

②使用多样化的教学方法和资源，如互动式教学、讨论和实践活动、多媒体教学资源和网络教学等。

③培养学生自主学习的能力和积极性，促进他们对英语学习的兴趣和热情，帮助他们形成持续的学习习惯。

④注重课程评价，以确保教学质量，并不断改进教学方法和教材，以适应不断变化的教育需求和学生背景。

当然，具体的教学实践要根据学校、学科、学生群体等多方面因素来考虑，需要教师根据自己的经验和判断，制订具体的教学方案。

第四节　基于生态语言学的英语教学策略

生态语言学是将生态学和语言学结合而形成的一门新兴交叉学科，生态语言学的相关理论为英语教学研究提供了新的视角。在英语教学中，运用生态语言学理念，灵活使用教学策略与教学方式，使英语教学实现生态化和语言化，提升教学质量。

一、生态语言学视角下的英语教学观

随着越来越多学者开始关注生态语言学这一新兴学科，生态语言学也取得了快速的发展，其基本观点逐渐渗透到英语习得领域，形成了生态化的英语教学观。

(一)英语教学环境观

英语教学环境观是指在英语教学中，学习者和教学环境之间相互作用、相互影响的认识和理解。它包括以下几个方面：

①学习者的语言背景和文化背景：学习者的语言背景和文化背景会对其学习英语产生影响，因此在教学中需要针对学习者的背景做出相应的调整。

②教学环境的设计：教学环境的设计包括教室布局、设备配置、教学材料的选择等，这些因素会影响学习者的学习效果，因此需要根据教学目标和学习者特点来进行设计和调整。

③教师的教学策略和风格：教师的教学策略和风格会影响学习者的学习态度和学习成果，因此教师需要根据学习者的特点和学习目标来选择合适的教学策略和风格。

④学习者的学习策略和习惯：学习者的学习策略和习惯会对其学习英语产生影响，因此需要引导学习者形成良好的学习习惯和策略。

综上所述，英语教学环境观是指在英语教学中，教师需要从学习者、教学环境、教学策略和学习习惯等多个方面进行综合考虑和设计，以提高学习者的学习效果和质量。

(二)英语教学互动发展观

英语教学互动发展观是指在英语教学中，教师和学生之间应该建立起相互协作、互动发

展的关系。这种互动关系不仅仅是师生之间的互动，还包括学生之间的互动和与外部世界的互动。在这种互动关系中，教师和学生应该是平等的主体，相互尊重、相互支持、共同参与教学活动，共同创造一个积极、开放、充满活力的教学环境。

英语教学互动发展观的核心思想是以学生为中心，倡导学生积极参与、自主学习，同时教师要充分发挥自身专业素养和经验，引导学生深入思考、自主学习、自我评价和反思。通过互动式教学，帮助学生主动探究知识，实现知识的转化和运用，从而提高学习效果，促进学生和社会的共同发展。

在英语教学中，教师应该采用多种教学策略，如课堂讨论、小组合作、角色扮演、案例分析等，激发学生的学习兴趣，培养学生的批判性思维和创造性思维。同时，教师还应该利用现代化教学手段，如网络教学、多媒体教学、在线交流等，开展多样化的教学活动，创造更为开放、灵活、多元化的学习环境。

（三）英语教学多元文化观

英语教学多元文化观是指在英语教学中，应该重视和尊重学生来自不同文化背景的差异，并将其融入教学过程中。这个观念认为，语言不仅是一种交流工具，也是文化的载体。因此，在教学中应该注重多元文化的融合和交流，让学生通过语言学习了解和尊重不同文化，提高跨文化交际能力。

多元文化观的实践语义在于帮助学生在语言学习中获取文化知识，从而实现文化素养的提高。同时，这也有助于培养学生的跨文化交际能力，使他们在未来的职场和生活中更加适应多元文化环境。在实际教学中，多元文化观可以体现为以下几个方面：

①引入多元文化素材，如电影、音乐、艺术等，让学生通过语言学习了解不同文化。

②鼓励学生在课堂上分享自己的文化背景和经验，促进文化交流和理解。

③融入跨文化交际技巧的教学内容，帮助学生在跨文化交际中更加自信和有效地沟通。

④通过教学活动和课程设计促进学生的文化认同和文化尊重，让学生更好地融入多元文化社会。

综上所述，多元文化观的应用在英语教学中具有重要的语义，可以帮助学生全面提高语言和文化素养，更好地适应多元文化社会的发展趋势。

（四）英语教学的能动性

英语教学的能动性是指在教学过程中，学生应该是主动的学习者，而不是被动的接受者，教师则应该是指导者，而不是纯粹的传授者。这种教学模式强调学生的参与和合作，注重学生的自主思考和实践能力的培养。

在英语教学中，教师应该创造多样化的教学环境和多元化的教学活动，激发学生的学习兴趣和学习动力，让学生在实践中学习、在互动中成长。同时，教师应该注重学生个体差异，根据学生的实际情况设计个性化的教学方案，鼓励学生发挥自己的特长和才能，促进学生全面发展。

英语教学的能动性还强调了学生的自主性，鼓励学生在学习中探索和发现知识，并运用所学知识进行创新和实践。这样可以提高学生的学习积极性和主动性，让他们更好地适应现代社会的需求,成为具有创新意识和实践能力的复合型人才。

生态语言学视角对英语教学的影响是多方面的,涉及学习者、教学环境、教学内容、教学方法等方面。生态语言学视角不仅强调了英语学习过程中学习者与环境的互动,还提倡多元文化观念,以及教学的能动性,有助于提高英语教学的质量和效果。

二、英语生态化教学模式的构建

(一)生态化教学模式的内涵

生态化教学模式的构建与实施离不开具体的课堂教育这一生态系统环境,如果我们要了解什么是生态化教学模式,有必要先对"生态型课堂"的含义给予界定。一些教育界的专家学者从生态学角度出发,把教育视为一个系统,并由此提出"教育生态系统"这一概念。以研究对象作为分类标准,教育生态系统可分为宏观和微观两类层次系统。宏观教育生态系统主要研究国家的整个教育体系,而微观教育生态系统则主要研究学生、教师、教材、教学设备及教室设施等各项课堂教学系统组成因素。如果微观教育生态系统中的各生态因子达到了综合的动态平衡,课堂教学也就实现了生态化发展,那么教学活动所依赖的动态平衡发展的课堂环境可被称为"生态型课堂"。"生态型课堂"致力于把生态学的一些原理运用到课堂教学实践中来,把课堂教学看作是一个微观的生态环境,通过研究其生存发展的影响因素,提出相关教学策略与解决方案,使课堂真正发展成为有利于生态个体成长的开放、平衡、可持续的良性生态系统。

生态化教学模式是教学模式健康发展的方向,它既是在生态型课堂的教学实践中逐步探索形成的,同时,它的构建又能反过来促进课堂教学的生态化发展。这一模式以教育生态学为理论指导,实践"以生为本"的教育理念,根据学生的能力层次与知识需求来设计多维互动等多种形式的教学活动,通过平衡若干教学组成要素及生态因子的生态位关系,促进学生在良好的人工条件下自然、和谐、自由地成长发展。模式的构建旨在综合考虑学生学习的内外部压力、学生天性及社会规范要求等客观因素,利用生态主体师生的主观意识和积极情感开发调动教学认知等机体活动,创设和谐平衡、充满关爱的课堂人际氛围,让学生实现拥有独立自主、自由开放、合作探究学习的课堂生态环境。

生态化教学模式在课堂教学的实践应用中不应仅体现在单一教学模式的合理布局上,更要力求实现多种教学模式之间的互补适应、共存发展,即针对不同的教学内容、特定的学生群体、多变的教学环境,选择恰当的教学模式进行资源优势互补。需要注意的是,要真正实现教学模式的生态化,就应该根据实际教学需要来实现各种教学模式的兼容适应,避免简单地把传统先进的教学模式直接套用进新型课堂,造成新一轮的教学失衡。

(二)英语生态化教学模式研究

1.教学理念的生态化

要加快构建大学英语生态教学模式,最重要的是要对教学理念进行生态化研究,而其中最主要的就是教师教学理念的生态化。要想实现教学理念生态化,首先,教师自身应该保持"生态平衡",即英语教师的专业知识水平和教学能力应该保持平衡;其次,为了更好地培养学生的英语综合运用能力，英语教师必须首先具备该能力。总之，生态教学理念下，学生英语能力结构的失衡必将归因于教师英语能力结构的失衡。

教学生态系统的重要组成部分还包括教师的教学态度以及自身的心理特征，其直接影响到学生的学习心理和学习效果。教师应该改变传统的"教师绝对主导"的教学观念，成为"平等中的首席"，教师要更多地尊重学生的意见，调动学生学习的主动性，切实把素质教育贯穿到课堂教学中来，努力去改变"教书"与"育人"脱节的现状，实现从"以语言知识为本"的观念到"以语言运用为本"观念的重大变革。

2.教学目的的生态化

从生态语言学意义上来说，语言不仅是文化的载体，更是一种生态现象。以往人们对语言所持有的"工具论"和"社会现象论"的观点，都不能完全和细致地揭示语言的本质。为了使人们更清楚地意识到语言的本质，可以尝试将语言放进完整的生态系统中。之后对语言进行进一步的分析与研究，人们才能对人类生存的整个社会生态系统获得更好、更深入细致的了解。众所周知，语言是文化的载体，教师在英语教学中不仅要教会学生如何使用英语这门语言，更重要的是要让学生认识到英语语言所赖以生存的文化。在大学英语教学中，明确教学目的十分重要，大学英语教师的课堂教学不仅要教授语言知识，也要渗透该语言所承载的相关文化信息。

3.教学方式的生态化

当前英语课堂多采用多媒体网络教学法，这种全新的教学手段既方便了教师的教学，也方便了学生的学习。当前国外一些学者对自主学习进行了相关研究，发现学习者的自主学习能力在学习过程中起着非常重要的作用。自主学习能力也就是学生在学习中对自己负责的能力，以及对学习中遇到的问题进行自主解决的能力。生态语言学非常关注语言本身的多样性和功能性，只有这样语言才能够在人类历史长河中不断地进化和发展。一门语言的多样性既通过不同国家、社会、社会阶层等因素来体现，也体现在语言使用者的不同，因此，学生对语言的自主学习最能够体现英语语言的生态特点。

4.教学内容的生态化

教学内容的生态化主要包括听力教学的生态化、口语教学的生态化、阅读教学的生态化和写作教学的生态化。生态语言学更多地强调语言的语义是由其所处的语境决定的。对于大学英语听力教学，在完成主要的教学任务之后，如果能够播放一首带有字幕且学生比较熟悉的英文歌曲，不仅能够放松学生紧张的大脑，还可以培养学生对英语学习的兴趣。在这一环节中，教师可以让学生试着跟唱，或把歌词中出现的重要的关键词，包括动词、名词、形容词等作为听写的内容，此举恰恰体现了生态语言学的互动特点。

口语教学的生态化，主要是指在大学英语教学中让学生接触到真实的语料。创造性地利用语言材料，有利于拉近学生和母语环境的距离，从而在一定程度上降低学生学习英语的难度。中国学生极度缺乏英语语言环境，因此，教师应在教学中尽可能地为学生创造更加接近母语的"自然环境"，让学生在自由的氛围中交谈，促使学生掌握英语交际技巧，提高英语听说能力。

阅读教学的生态化，主要是指在大学英语阅读教学中更多地使用计算机软件教学和网络教学。英语教师在讲解英语阅读的时候，可以运用已知的相关语言学信息提升英语学习的趣味性，让学生更深入了解到英语自身的独特和韵味。

写作教学的生态化主要是指在大学英语教学过程中，充分利用语言的生态互动特点。可以把学生的一些典型作品，通过多媒体手段组织学生们进行作品分析，让学生们自己去发现习作中存在的内容和形式上的特点，并针对典型的内容和形式进行讨论。

5.教学测试的生态化

科学的教学测试不仅能够在一定程度上激发学生学习英语的积极性，还可以帮助英语教师提高业务素质和教学质量。此外，教学测试需要尽可能客观地、科学地反映学生的学习成绩，在此过程中教师的过程性管理和评价起着很重要的作用。

(三)英语生态化教学模式的建构策略

1.设定合理的教学目标

制定合理的教学目标是英语教学的重要环节。教学目标要具有可行性和可测性，要考虑到学生的实际水平和课程要求，同时要与教学内容和教学方法相匹配。教师可以根据学生的特点和需求，设定不同层次、不同难度的教学目标，从而提高教学的效果。

例如，在听说教学中，听力目标可以设定为听懂简单的口语表达，如日常对话、新闻报道等；而口语目标可以设定为表达简单的日常用语和情境对话。在阅读教学中，可以设定阅读目标为读懂常见的英语文章和材料，并理解其中的主要意思和关键信息。在写作教学中，可以设定写作目标为能够写出简单的日常应用文，如电子邮件、请假条、购物清单等。

合理的教学目标不仅能够提高学生的学习兴趣和积极性，还能够指导教学内容和教学方法的选择，帮助教师和学生更好地实现教学目标。

2.选择开放、多样、动态、整体的教学内容

教学内容指教学过程中与教师和学习者发生交互作用，并且服务于教学目标的动态素材。教学过程中，教师和学习者可以对教材内容进行取舍、选择。教学内容既包括课堂之内的，也包括课堂之外的。英语第二课堂的建立为学习者学习英语提供了更多的途径，使学习者处于更开放的学习环境中。这种开放的系统为学习者的学习提供了大量的信息、知识和能量，进而促进了学习者个体的内在变化。学习者通过参与第二课堂，与外界进行物质和能量的交互作用，促进了语言系统的非线性发展。同时，学习者通过参与第二课堂，增加了学习英语的兴趣，改变了学习进程中的石化现象，改变了敏感的初始学习状况，使学习中的无序朝着有序、稳定、动态的方向发展。

3.采取多样的教学方式

为了实现英语教学的生态化，采取多样的教学方式是至关重要的。传统的课堂讲授已经不能满足学生的需求，教师需要创新教学方式，根据学生的需求和实际情况选择适合的教学方法，包括但不限于以下几种：

①互动式教学：通过讨论、小组活动、角色扮演等方式，增强学生的参与感和学习效果。

②多媒体教学：利用电子白板、视频、音频等多媒体手段，丰富课堂内容，提高学生的学

习兴趣。

③项目式教学：以课程为基础，引导学生自主学习，组织学生开展课外探究、实践等活动。

④混合式教学：将传统教学和在线教学相结合，使学生可以在不同时间和地点进行学习，提高学习效率和灵活性。

通过采取多样的教学方式，可以更好地满足学生的需求，提高教学效果，推进英语教学的生态化。

4. 设立多元的评价体系

设立多元的评价体系是优化英语教学生态系统的一个重要举措。传统的英语教学评价体系往往只关注学生的语言知识和技能的掌握情况，而忽略了学生的情感态度、文化素养、学习策略等方面。因此，需要设立一个多元的评价体系，综合考虑学生在语言知识、技能、情感态度、文化素养、学习策略等方面的表现，以更全面、客观地评价学生的英语学习水平。

多元的评价体系可以包括课堂表现、作业、考试、口语表达、听力理解、阅读理解、写作能力、文化素养等多个方面的评估。例如，在课堂表现方面，可以考虑学生的参与度、学习态度、课堂发言和交流等方面的表现；在作业方面，可以考虑学生的完成质量和时间等方面；在口语表达方面，可以考虑学生的发音、语法、流畅度和语言表达能力等方面；在阅读理解方面，可以考虑学生的阅读速度、理解能力和语言运用能力等方面。这些方面的评价可以结合不同的评价方式，如自我评价、同伴评价、教师评价、作品评价、反思评价等。

通过设立多元的评价体系，不仅可以更全面地评价学生的英语学习水平，还可以鼓励学生在不同方面发挥自己的潜力，提高学生的自我意识和学习动机。同时，也能够帮助教师更准确地了解学生的学习情况和需求，及时进行调整和改进教学策略，提高教学效果。

（四）英语教学生态系统的优化

大学英语教学生态系统的优化要在坚持可持续发展、整体性、开放性和动态平衡性的原则下，从各个生态因子及其之间的关系入手，采取各种措施和策略，是一个需要全方位推动的复杂过程。在这个过程中，首先要以观念为突破口，因为人的行为都是以思想、观念为指导的，同一件事情在持有不同观念的生态主体的影响下会产生不同的结果，有时甚至截然相反，因此，大学英语的教学系统的优化应以观念的改变为前提和首要策略。

1. 以学生为本

以学生为本是教育理论中的一个基本原则，也是现代大学英语教学中的核心观念之一。它的主要思想是将学生置于学习的核心位置，注重满足学生的需求和兴趣，关注学生的个性差异和学习风格，促进学生的全面发展。

在大学英语教学中，以学生为本的原则可以体现在以下几个方面：

首先，教师应该了解学生的英语基础水平、学习需求和兴趣爱好，以此为依据制定相应的教学计划和教学策略，使学生的学习更具针对性和个性化。

其次，教师应该尊重学生的主体地位，鼓励学生参与课堂讨论和互动，发挥他们的主动性和创造力，同时帮助他们克服学习中的困难和问题，提高自主学习能力和解决问题的能力。

最后，教师应该倡导多元化的教学方法和资源，结合学生的学习特点和诉求，使用多样化的教学资源和工具，如多媒体课件、互动课堂、学习社区等，帮助学生更好地学习和掌握英语知识和技能，提高学习效果和满意度。

总之，以学生为本是一种教育理念和实践方法，其本质是让学生在学习过程中真正成为主人，发挥主动性和创造力，实现自我发展和自我实现。在大学英语教学中，以学生为本的教学理念是一种必要的、现代化的教育理念，它将大大提升英语教学的质量和效果。

(1)树立“以学生为中心”的思想

大学英语教学坚持“以学生为中心”，首先要使学生处于整个教学结构的中心，在教师、学生、信息技术、教学活动等生态因子中确立学生的中心地位，各因子都要为学生的学习和全面发展服务。教学目标、教学要求等的制定要以学生为出发点，同时要形成开放、灵活的体系，具体的目标和要求不能一成不变，要随着学生的发展变化做出相应的调整；教师不管是在课前备课、课上组织，还是课下反思，都要做到心中有学生，教学内容的选择、教学活动的组织和教学方法的采用都要以学生的需要和实际情况为出发点；信息技术要服务于学生的学习和发展，防止出现信息技术占据教学中心或仅仅成为教学摆设的现象，合理且充分发挥信息技术的优势才有助于学生教学结构中心地位的确立。

“以学生为中心”还体现在学生的主体地位上。我国大学英语传统的教学模式形成了教师“一言堂”“满堂灌”的现象，是“以教师为中心”的教学，学生处于从属或边缘化的状态，无法进行自主性的学习，更不用说其主体地位的确立。然而大学英语作为一门实践性的学科，要求学生的听、说、读、写能力协同发展，要求增强学生英语的实际运用能力。

这一切都有赖于学生主体地位的确立。首先，应当引导学生进行主动的英语学习。英语学习的过程应当是学生主动建构知识的过程，教师应当激发学生学习英语的兴趣，调动学生的积极性，培养学生主动学习的欲望。在教师的引导和多媒体等信息技术的支持下，使英语学习成为学生掌握知识、技能、方法、策略的自主学习和自我发展的过程，使学生真正成为自己学习的主人。其次，要培养学生参与英语活动的主动性。基于大学英语实践性的这一特点，学生应当积极主动地参与到各项英语活动和实践中，发挥主观性、能动性和创造性，通过与他人、与社会的交流提高英语的运用能力。最后，学生应当是学习的评价主体。英语学习的评价目的并不是看学生掌握了多少单词、句型和语法，或是教师教学的好坏，而是为了更好地促进学习、提高能力。因此，学生有必要成为评估的主体，一方面了解自己的学习，另一方面学会判断、反思自己的学习，通过学生的自我改进和评定，推动其主动学习。

“以学生为中心”就是要处理好“教”与“学”的关系，以“学”为中心。大学英语教学的优化，反对教学中教师的绝对统治地位，反对一味地灌输知识和学生的被动学习。要做到“以学生为中心”，教师首先应当拥有正确的教学观念，明确教学目标，做学生知识构建和自身发展道路上的引领者；教师应当以学生为对象，摒除僵化的硬性计划的弊端，预留师生共同探索的空间，以学生的实际情况为基础，设计和组织教学，应当考虑如何在教学中提高和锻炼学生英语的综合应用能力，如何组织有效的语言实践活动，并积极参与到该过程中，在与学生的互动中指导和协助学生完成知识的习得与消化；在信息资源极其丰富的今天，教师还应当具备相应的信息技术知识和技能，帮助学生在庞大的资源系统中去伪存真，吸取对知识建构有益的内容。从学生的角度来讲，也应当首先转变思想观念，培养学习的主动性，使自己从被动接受知识的客体转变为主动构建知识的主体；要认识到语言学习的特点，主动参与到与他人、同伴和社会的交流与交往中，在语言学习的过程中实现多维互动，不断提高英语学习和语言运用的能力。

“以学生为中心”的学习是基于资源的生态型学习，强调资源的最优化，重视资源的多元性和及时性，要求管理服务的有效性。学生学习资源的选择(包括文本、音频、视频等内容)和信息技术的利用在很大程度上受到客观条件的限制(如缺乏必要的教学和自主学习的设备、系统维护不及时、教学平台不完善，校园网络不畅通、资源更新滞后等)，这就要求教师和教学服务人员树立为学生服务的意识，一切以学生的学习、成长为基点，尊重和服务于学生，利用现代信息技术和计算机网络的优势，为学生营造必要和良好的个性化、自主化的学习环境。

(2)树立“培养学生可持续发展”的思想

大学英语教学中培养学生可持续发展的能力，首先应当帮助学生形成终身学习的愿望和观念。要达到这一目标，英语教学中应当从激发学生的内在学习动机入手，而所谓学习动机，是指学生个体内部促使其从事学习活动的驱动过程，通常表现为渴求学习的强烈愿望，浓厚的求知欲望，认识世界的兴趣，探究事物的好奇心，主动认真的学习态度及高涨的学习积极性等。只有在内部学习动机的作用下，学生才会拥有学习的主动性和创造性，才有利于学生接受知识、学以致用，同时，学生学习的过程才可能变为主动探究、享受知识的过程，才能真正成为生态主体持续学习的源泉。

大学英语的教学应当把教学重点从语言知识点的讲解转移到教学过程上来，在学习过程中贯穿终身学习的理念，挖掘学生的学习潜能，帮助学生获得学习英语的方法、策略，培养学生可持续发展的英语学习能力，其中包括自主学习的能力、语言交际的能力和一定的信息素养。在教学过程中，教师可以采用多种教学方法，提高学生的参与度，使学生在提出问题、分析问题和解决问题的过程中，体会获得知识的过程，积累学习方法，探究英语学习的规律，掌握英语自主学习和语言交际的能力及技巧。此外，在当今的信息社会，一定的信息素养也成为学生学习能力的重要组成部分，面对大量的信息，大学英语教师应当在教学中引导学生如何去搜集信息、选择信息和利用信息，只有具备了一定的信息素养和利用信息技术的能力，才有助于信息技术环境下学生英语学习能力的发展。学生也只有在拥有了英语学习的能力，才能在以后的学习、工作和社会生活中不断习得新的知识和技能，迎接新的挑战，实现自我的可持续发展。

学生在大学英语教学中获得的不仅是知识及相应的运用能力，同时也是学生的素质、人格和情感协同发展的过程，是对完整的人的教育发展过程。教师要尊重学生之间的差异，考虑到不同学生的性格和兴趣，因势利导，赋予学生最大的发展空间，保护学生的创新精神，引导学生的全面发展。此外，大学英语教师应当着力于师生关系的建设，重视情感因素在教学过程中的重要作用。努力营造轻松和谐的学习氛围，消除学生的焦虑紧张感和师生之间的距离感，建立融洽的师生关系。学生只有感到自由、开放与和谐等积极的氛围，才能更积极有效地投入英语学习中，也因而能够不断充实自己的知识世界和精神世界，实现“完整”的发展。

大学英语的教学强调在教学过程中注重培养学生可持续发展的能力，同样，在教学评估中也不能忽视这一点。现今大多高校大学英语的评估方式中虽然已经融入了形成性评估的部分，然而不管是从形式、内容还是所占的比重看，都不足以改变传统评估模式的弊端。要实现学生的可持续发展，在形成性评估中不仅要评定学生平时表现，包括课堂活动参与情况、平时测验成绩和作业完成的情况，还要把学生的课外表现，包括第二课堂的组织与参与、社会英语活动的进行等；采取多种评估形式，包括观察、访谈、互评、自评等；此外，对于学生在学习过程中表现出的情感、态度、能力、创造性思维等方面也应当涵盖在评估范围之内。在肯定学生学习成绩的同时，只有承认学生的个性、专长和创造力，并予以鼓励才能最大限度地促进学生的全面发展；也只有在评估中秉承这样的思想才能保证学生可持续发展的动力。

2. 重视种间的协同进化

大学英语教学系统是一个由生态主体、教学要素、信息技术和环境因子等组成的有机体，其中任何一个因子的变化都会引起其他因子随之发生相应的变化，这种相互作用、相互影响的进化关系即为协同进化。大学英语教学作为一个完整的系统，只有其内部各因子(种群)协同发展，才能使整个生态系统达到平衡稳定的状态，而对大学英语教学系统进行优化就必须重视各因子，即种间的相互作用，促进其协同进化。

大学英语教师和学生是该系统内最主要的生态主体，也是最重要的种群，因此必须处理好两者之间的关系，建立生态化的师生关系，实现师生的共生和谐。共生是指教师和学生互为条件和依托，师生任何一方的变化都会对另一方造成影响，所以应当以师生共生为目标，建立新型的师生关系。生态学指导下形成的师生关系应当是民主、平等、交往和对话的关系。师生之间应当拒绝上下级关系，进行平等对话，通过沟通和交流表达自己的意见和观点，并通过共同学习形成新的观点。在整个过程中，师生是一个整体，学生和教师都拥有参与权和表达权，享有平等的地位和权利；教师再也不是教学的权威，学生变为自己学习的主人；教师和学生相互尊重、相互促进、共同发展。此外，还应当重视师生情感的协变性，实现协同进化。教师教学中如果精神饱满、情绪高涨，在教学中就会感染和带动学生，激发学生的学习热情，相反，如果教师情绪低落，在教学中会让学生产生倦怠感或抵触情绪；反之亦然，学生在大学英语教学中的精神状态也会影响到教师的教学情绪和教学能力的发挥，因此，在教学中，教师应当充分发挥精神或情感的作用，构建宽松、民主、平等的心理环境，建设深厚的师生情感，以此推动两者的协同进化。

促进种间的协同进化还必须摆脱限制因子的作用，争取变限制因子为非限制因子。在大学英语教学中所有的因子都有可能成为限制因子，笔者发现，教室过大或过小会成为制约师生情感建设的限制因子；教师观念的陈旧、教学水平不高、信息技术使用能力差，都有可能成为影响教学顺利开展、制约学生发展的限制因子；教学经费的短缺会成为制约大学英语教学资源环境建设的限制因子；计算机多媒体等教学设备的更新维护滞后会成为影响新教学模式推行的限制因子；学生如果对大学英语学习持有消极态度、运用不当的学习策略等也会成为影响自身发展的限制因子。可见，在实际的教学过程中，各因子都有可能成为影响大学英语教学的限制因子。面对这种情况，师生要发挥主观能动性，善于查找和分析限制教学及学习的因素，加强师生的交流合作，创造条件，共同消除限制因子的影响，优化种间关系，推动大学英语教学的动态、良性发展。

第六章　应用语言学理论及核心领域

第一节　交际与动态理论

一、交际理论

(一)交际理论的主要根据

1.万事万物都在交际

万事万物都只有在跟别的事物交际、交流、交换、沟通中,才能出现、存在、变化。事物跟别的事物交际、交流、交换、沟通的情况构成了事物本身。交际之外无任何事物,交际之外无语言。这里涉及一个研究方法,如提出一个问题,要一直问到公理和事实的层面。公理和事实的层面是最基本的层面,在这个层面上往往道理和事实是紧密联系在一起的。这个层面也是最高的层面——哲学的层面。哲学的层面不是让人感到云里雾里、玄而又玄的层面,而是让人有一种回归和醒悟的感觉,在这个层面上再建立的道理比较可靠。在还需要论证的层面上建立的道理有时候是一种假设,不是不可靠,但是需要论证。

2.人在相互交际

万事万物都在交际,人在万事万物之中,当然也在交际。这是公理之上的类推,用的是让步的方法,还属于公理和事实的层面。人际交往是人跟万事万物交际的一个重要的方面。

3.人使用语言来交际是为了交际便捷

人可以采用的交际方式很多,人为什么采用语言作为人类最重要的交际工具的呢?这还是由交际决定的。人有眼耳鼻舌身意的感觉,却选择用嘴来说、用耳朵来听有声语言,而又选择用眼睛来看书面语言,都是为了交际便捷。假如用鼻子闻、用舌头舔大概都不方便。明眼人用手摸也不方便。

4.语言为交际而出现,为交际得好而发展

语言的出现是为了人的交际需要,语言的发展也是为了人的交际进一步的需要,因为人类要发展,人类的交际要发展。交际是语言出现的原因,也是语言发展的动力。"语言随着社会的发展而发展"只说了语言发展的外部原因。总之,语言还是随着交际的发展而发展。

(二)交际理论的基本内容

1.交际能力是最基本的语言能力

关于语言能力,人们有不同的看法。影响比较大的是乔姆斯基 1957 年《句法结构》里提出来的语法装置说。乔姆斯基认为,人天生具有语言创造能力。不过,他没有明确说语言的词汇、语法也是与生俱来的。近年来,人们讨论语言交际能力和语言知识能力的时候经常提出这样的问题:一位是北京郊县农村、连自己的名字都不会写的乡下妇女;另一位是借助字典可以看懂中国古书,但张嘴就出错的洋教授。如何判断两个人中谁的汉语能力强?这样,就把语言能力分化为交际能力、知识研究能力了。前者可以说是有"语感",后者则是有"论感"。

总之,上面所说的语言能力中,交际能力是最基本的。从语言使用的角度看,最好的情况是,知其然还要知其所以然。知其所以然的目的是进一步知其然,而不是跟知其然无关甚至妨碍知其然。

2. 在多样的语言交际中实践语言交际能力

过去的语言教育中也提倡语言实践,但是这种实践常常是在"温室"里进行的。这是语言应用观念的一个重大改变。人是分层次的,语言是为各个层次的人服务的,人不纯怎么谈语言的纯?由此而言,即使人纯了,纯的人学习语言也有个过程,在学习过程中的过渡语是不到位的、不规范的,也还是不纯。而且,不规范的语言现象也会新生的。语言教学,有的要用模拟的方法,但是要注意让学生知道生活实际中的情况。

3. 应该以交际值作为衡量语言规范的标准

语言的基本功能是交际。规范是为了更好地交际。交际到位的程度——交际值或者交际度应该是衡量规范的基本标准。应该把规范同规则或者某些本本上的规定区别开来。规范是在语言不纯的情况下进行的,搞规范不是追求语言的纯。不应该有妨碍交际的规范。规范同稳定没有必然的关系。规范或者不规范也不看过去有没有这种观点,而是看现在是否需要这样说和语言的系统是否允许这样的说法出现。

通常得出它可以用,须说出道理,若是不可以用,也要说出道理。现在比较流行的"如果这个说法可以成立,那么其他的也都可以说了"的论证方法本身就不妥。因为语言现象的类推是有条件的。近几年来,不少学者进行语言现象延伸段的研究,是很有意义的。

4. 语言交际能力的实践不是一次性完成的

语言素质也是有层次的。小学生的语言素质同大学生的语言素质不同。大学生也要进行语言交际能力的实践。素质可以提高,也可以滑坡。素质不是单一的,是综合体。语言是发展的,不顺应、引导语言的发展,轻则素质滑坡,或者说起初基本的素质实践就有根本性的缺陷,重则会对语言的发展反感。实际上语病也处在不断地潜显过程中。语言素质可以说是不进则退。

交际能力并非一次性完成,还表现在语言的时代性上。应该让学生学习鲜活的语言。例如,已经有学者提出中学生要多读些时文。古代的语言教学,一方面是为了启蒙;另一方面是为了解经。启蒙没有什么不好,不够的是启蒙之后怎么办,在学习的层次性方面不够。解经,如果经是值得读的,这也不错,不够的是经也是要发展的,经的语言表达也要发展,在鲜活方面不够。学习还要有一定的量和质。一定的量,可以内化,可以生巧。一定的质,可以提高层次。

5. 要重视创新

除上面说的语言知识能力、语言交际能力、语言研究能力之外,还有一个更重要、更高层次的语言能力——语言创新能力。人们常说的语言灵气，主要在语言创新方面。

我们要鼓励创新。教材要帮助学生创新。教师要在创新方面进行身教。一切语言示范者要在语言规范和语言创新两个方面起到表率作用。对学生语言学习的测试，也要注意语言创新方面的测试。学生的学习是为了社会的发展。在学习的过程中就要发展，尤其是大学生。创新不等于降低层次，不等于奇谈怪论，不等于一般形式上的变化。

（三）交际理论的发展

很多学者很早就认识到语言不是普通的工具，具有人文性。近些年来，许多学者重视这方面的研究，也跟我国社会语言学的发展有关。社会语言学重视社会因素，重视群体的特性。要注意的是：第一，此处说的人文性，不包括属于上层建筑的有阶级性的部分；第二，语言的人文性不仅仅表现在文化的载体，还表现在运送——传播方面。

工具性与人文性不是二元论。交际是包含文化的交际。我们往往还是简略地说语言是人类最重要的交际工具。不能因为没有说是文化的载体就一定片面，而是要看所说的交际里面是不是包含了文化。其实，说是文化的载体也不全。更全面地说，语言是人类最重要的认知、思维、交际的工具。也可以认为认知、思维是交际的一种方式，而只说语言是人类最重要的交际工具。

在相当长的一个时期里，中国的语言理论受索绪尔和斯大林的影响比较大。这些影响既有积极的，也有消极的。认为历史的研究都是要素的研究，纵横交错的研究既做不到，也没有必要。背景是对历史比较语言学缺陷的矫枉过正。斯大林提出语言的本质特点是基本词汇与语法。因为基本词汇稳定，语法更稳定。

交际理论认为，世界万物要交换能量而存在、变化、发展。宇宙万物在相互吸引、排斥中实现动态的平衡。社会中的人需要协调，需要交际。语言也因此而产生和发展。语言存在于交际中，没有交际就没有语言。交际是语言发展变化的动力和目的，是决定语言现象的根本条件。语言生活的健康、丰富、活泼，是语言工作、语言研究、语言教学的目的和检验的标准。

总之，交际是语言的本质，这是交际理论的基本思想；应该为语言交际而研究语言，这是交际理论的研究目标。交际理论是应用语言学理论的总纲。

二、动态理论

（一）动态理论的主要根据

1. 运动是绝对的

万事万物都是运动的。风在刮，水在流，车在跑。桌子、椅子好像没有动，其实它内部分子、原子也在运动。人在这里似乎没有动，其实人还要呼吸，体内血液也在流动，更何况地球还在运动，人也跟着动，“坐地日行八万里，巡天遥看一千河”，运动速度也非常快。同样是动的，运动速度有比较快和比较慢的不同，比较慢的我们叫稳态，属于动态里的一种状态。人有时候不得不研究事物不怎么运动状态的情况。

2. 人是高级动物

物种分成非生物和生物两种。其实很多非生物的运动速度也很快。生物里分成动物和非动物，动物当然是可以自己运动的。有的古人说，植物是有生命的，动物是有情义的，人是会思考的。其实，非生物也有广义的生命——记忆，我们检测一块石头，可以知道它存在多少年了。植物也会思考。人是最高级的动物。

交际是一种活动，语言是在活动的。语言不存于真空之中，语言在交际之中，交际之外无语言。

3. 语言又是发展变化的

语言本身又是发展变化的。所以，动态是语言的本质。这是总的认识。语言总体是动态的，其中也有稳态的部分。语言运动的出现，运动的目的，运动的发展变化，它的原因、动力都是人的交际。

(二)关于语言的自我调节

1. 语言自我调节的概念

语言局部的发展变化会引起语言内部有关部分的发展变化，使有关部分协调，这就是语言的自我调节。这是语言运动的一种表现，也是语言发展变化的重要内部表现。

2. 语言自我调节的类型

发展变化基本上只局限于很小的范围之内，所谓“牵一发而动一发”。

发展变化引起另外一部分的发展变化，如“牵一发而动若干发”。

发展变化引起另外很大部分的发展变化，如“牵一发而动半身”。这一类往往是格式的变化。比如，一些原来不带宾语的谓词带宾语倾向的发展，动宾带宾倾向的发展。还有网络语言的出现，手机短信的出现，更引起了涉及语体等方面的许多发展变化。

发展变化引起几乎是全局性的发展变化，如“牵一发几乎动全身”。因此，不能笼统地认为语言现象的变化都是或者都不是“牵一发而动全身”的，要么都不许动，要么就随便动。

以上主要是从引起的调节程度来很粗略地分类的。引起的语言调节的变化大的，都会引起激烈的讨论甚至论战。联系到这几种类型引起社会关注的程度等，语言自我调节是需要专门进一步研究的课题。

(三)语言运动的方式是脉动

1. 概念

语言运动的方式跟许多事物的运动方式一样有起有伏，犹如脉搏跳动。大体分吸收—膨胀、排斥—收缩、中和三种。也如人的呼吸过程：吸、呼、不吸不呼。

2. 主要表现

语言现象不是始终由无序向有序发展。有时候有些方面会由有序向无序发展。总体而言，语言是有序里有无序，无序里有有序，这是混沌的序，这就是语言的序。

语言的运动有急流和缓流。语言不是始终渐变的，有时候变化比较大。认识这一点不是没有语义的。对待语言的变化，总体而言，一般情况下小步微调，有时候步子要大一些。语言的外层比较活跃，运动速度比较快，这是语言运动的正常表现，不能笼统地认为语言里越稳定的越规范。

语言工作还有进与退。认识这个规律，有助于能动地促进语言工作。总体在前进的时候，局部也会有倒退。

（四）语言运动的惯性

1. 概念

语言的运动有个惯性。语言现象的变化，启动起来比较慢，动起来以后，要它停止或者改变路线，也比较慢。这是语言发展变化很重要的内部规律。语言是历史形成的巨大系统。语言还有很强的社会性，语言的使用牵涉方方面面。因此，语言的惯性总的说比较大。语言工作要适度超前，不能追求立竿见影，要重视后效应。

2. 提出的意义

（1）反思过去的认识

人们长期以来对这一点认识很不清楚，一百多年来还有许多把语言工作混同于政治活动的情况。因此，提出这一点，具有历史的意义。理论建设和队伍建设特别需要适度超前。因此，需要加紧做好这方面的建设工作。

（2）解释语言生活的实际问题

19 世纪末 20 世纪初，我国出现了独立的语言学科，但是延续了很长时间却忽视了语言应用研究，可是，语言应用研究又很难忽视，其中一个原因是几千年来我国重视语言应用研究的惯性在起作用。语言学习也特别需要注意惯性理论，注意后效应。

3. 进一步的说明

①涉及系统的语言成分惯性大。要动它，要谨慎，动它的意义也大，往往引起激烈的斗争。

②书面语的格式惯性大。受书面语格式影响的口头表达惯性也大。

③语言里稳定的部分惯性大。

④惯性大，根本原因是使用者这方面的惯性大。一个是使用者多，一个是使用者比较习惯了，一动起来涉及使用者的语言习惯。

⑤惯性大，指不容易起动，一旦动起来也不容易停，越是大的东西越是如此，正确的和不正确的都是如此。正确的、合乎语言的大系统的，作用比较容易贯彻。不正确的、不怎么合乎语言的大系统的，不容易贯彻，但是会一定程度地造成混乱，纠正起来也麻烦。

⑥运动包括进步和退潮。不正确的一些庞然大物，一旦开始退潮，不是自愿地留下空白，而是被新的建设所取代，所以，要重在建设。实际上是语言使用者经过比较选择了更好地为他们服务的方面。所以，要尊重使用者，要以自己的使用来示范。要耐心，这一定要有个过程，因为一些人使用原来的一套习惯。

⑦语言现象的运动并不是等速的，造成了语言现象的不整齐。研究语言需要考虑历史。历史的表现很复杂，但需要特别考虑这样一个因素，即由于各种原因造成语言里不同成分的惯性不同。

第二节　中介与潜显理论

一、中介理论

语言在运动中普遍存在既联系又区别的复杂现象,又叫"过渡现象"。正确认识这些现象,并在此基础上对语言有关问题进行研究的理论叫语言中介理论。

(一)中介理论的主要根据

1.运动的连续性

运动的连续性决定了任何事物都具有周边事物和前后事物的一些属性。从空间来讲,万事万物都是联系的,人没有办法切出一个只属于它而跟周边没有联系的事物。比如一个点,即使被切得很小,若切得更小时,仍会把周边的联系部分切进去。从时间来说也是这样,一事物运动的位置跟它前后的位置都是联系的,人没有办法切出一个只属于它而跟前后没有联系的位置。比如一个时点,即使被切得很小,若被切得更小,仍会把前后的联系部分切进去。从空间和时间的结合来说,更是如此。

2.事物是矛盾的统一体

事物不都是"非此即彼",常常是"亦此亦彼",只不过是含有此或彼的成分多或少而已。一个矛盾的统一体的内部,矛盾的各一方都含有对方的一些属性,任何一方的内部又含有矛盾双方。一个矛盾统一体,在更大的范围里,它是一个事物的整体。

3.对立通过中介转化

由于对立的双方都具有一些对方的属性,才可能转化。这种转化也是一种属性潜一些而另外一种属性显一些。对立的两面是有的,那是彼和此的情况很分明。钱币有两面,因此常常是猜对一面的一方挑选足球赛等的自己半场。是非也是有的。既要看到彼和此的区别,又要看到彼和此的联系,以及"亦此亦彼"的状态。

(二)中介理论的若干意义

1.提出度的概念

关于"恢复疲劳"有的说是不规范的,因为"恢复"一般用来表示由不正常状态到正常状态,而"恢复疲劳"是指由不疲劳到疲劳。有的说是规范的,因为听得懂这句话的意思。有的说不规范,因为有人会以为是指由不疲劳到疲劳。其需要注意以下几个问题:

第一,是"听得懂"的问题。人在很多情况下是听得懂说错了的话。但是也有说错了,但又听懂了,因为人的脑子里有一定的纠偏功能,可以根据一定的条件纠偏。

第二,是有人会误解。这里要注意语言交际有个合作原则,如果缺乏合作原则,对方说什么话,自己都会认为是不对的。还有,要看是什么样的人听,总得是有一定的语言交际能力的人。

第三,是人在实际语言交际中明明听得懂甚至本身也说的话,学了语言学,反而变得听不懂也不说了。因此,语言调查即使找语言学家调查,也要放在语言使用的实际里调查。

第四，是“恢复疲劳”，这一说法几乎人们都懂它的意思，又的确带来一些麻烦，那么有没有更好一些的说法呢？“消除疲劳”的说法好一些。有学者进一步提出“规范度”和“交际度”。语言里不是不规范，但是规范度又不够高的情况是很多的。从而，一些学者还改变了“生造词”的说法，认为防止生造词和不断消灭生造词，一直是语言规范化工作的重要内容。

生造词的说法在20世纪50年代也许有它存在的可能和必要。但在今天，社会和语言都有了很大的发展，语言规范观也发生了转变，生造词的说法就显得含混模糊、不够科学了。如果人们仍围绕着生造词做文章，恐怕很难有所突破。“品位”和“规范度”的说法比较有意义。还有，语言的新颖和陌生化，有个“新颖度”和陌生化程度的问题。提出语言交际能力是把握好“度”的不断磨合的能力。还认为“滥用方言”等也有度的轻重，“语言创新”也有程度不同，这些“度”也可以说是层次，这里又涉及语言层次理论了。

2.促进中介语的研究

母语是人生下来就学的自然语言，包括方言和方言从属的语言，方言是小母语，方言从属的母语是大母语。目的语是一个人所学的第二种话。学习从母语到目的语之间过渡状态的话叫中介语，又叫“过渡语”。中介语对于母语和目的语来说，亦此亦彼，处于中介状态和过渡状态。它具有一定的系统性。

汉语是母语的人学英语，学习不是一次性完成的，学习中间的状态的话是中介语，亦此亦彼。学习英语受所掌握汉语的正面和负面的影响。学习英语到一定的阶段许多人会出现僵化现象。不同母语的人学习不同的目的语出现的中介语的情况不同。

3.调整关于语言学习的认识

①认识到语言学习不是一次性完成的，语言学习需要一个过程，这一个过程，是语言使用不够到位、不够规范，也是不纯的过程。

②认识到要区分语病和语言中介状态。语言中介状态是群体的正常状态，是进步过程中的状态。例如，孩子念小学，一定会有很多话用不好，不能一概认为是语病。我们把大量的语言中介状态从语病里解放出来。

4.认识到语言里有大量的中介状态

从语体来讲，有口语和书面语，实际上大量的是口语和书面语的中介状态。例如，方言词语和普通话词语中，还有跨界的方言色彩词语，一般，长篇小说更是多个领域语言、多种语体表达的汇集。因此，需要考虑以下几个方面：

①中介语言的情况更加复杂，含有的信息更加丰富。

②什么叫语言系统。语言系统应该是实际使用的语言系统，而不是指起初使用的时空。人们语言使用实际上突破了历时与共时的严格限制，也突破了空间的严格限制，对语言的研究既要突破历时与共时的严格限制，也要突破空间的严格限制，重视研究语言的差异之外要重视研究语言的交融。

（三）注重语言延伸段、交叉段的研究

运动是没有开始也没有结束的，一切都处在中介状态，所有的语言都是中介语。母语、目的语本身也处在中介状态。语言研究的就是语言运动中的个性和共性。当前，不少学者进行语言现象延伸段和交叉段的研究，是很有眼光的。延伸段是指语言现象的运动到一定的阶段会发生比较大的变化。语言运动的情况是不能无穷尽地类推的，时空也是造成运动变化的因素。交叉段是指不同的语言现象的运动在某些情况下发生交叉，在交叉段里有混用的情况，或许对交际度产生影响。

对这种情况进行研究，解决此类使用的问题最难，但最有价值。两头不交叉的部分，情况清楚，一般人不会使用错。而学生既要有一定的语言和语言学理论，也要有比较能穷尽地解决实际语言问题的本领。比较懂语言和语言学理论的人，同样应体现在解决语言实际问题方面有一定的理论和方法。主要方法是比较，是认识一事物同其他事物运动中的联系和区别。

二、潜显理论

(一)潜显理论的主要根据

1. 语言潜显理论基本概念

(1)语言是由显语言与潜语言构成的

显语言是已经出现而当前正在使用的，潜语言是在现实的语言生活里还没有出现的，或者已经出现过了当前不多使用了的。若把显语言看成语言的现在时，那么可将潜语言看成语言的未来时或过去时。潜语言是存在的，只不过通常看不见。犹如浮在水面上的冰山只是整个冰山的十分之一，更大的部分潜藏在水面下，是可以被发现的，只是一般人看不到。潜和显都有程度的不同。

(2)色彩也有潜显运动

语言的潜和显还包括色彩的潜显运动。任何新词、新语、新义都有新颖色彩，它们很快由开放的梯形结构靠下的部分到了靠上的部分。它们使用多了，新颖色彩有的会磨损，它们的稳定色彩逐渐显现，它们逐渐到了靠下的部分，成了比较稳定的基本单位。

(3)语言始终处在潜和显的运动中

一般而言，现在出现和使用的语言是显语言，尚未出现或者出现过而现在不怎么使用的语言是潜语言，加上了色彩的潜和显，显语言也始终处在潜和显的运动之中。语言显了之后不会全潜，但是会相对地潜。语言的显是有来源的，语言由显到潜是相对的。

2. 语言潜显理论的基本根据

(1)运动是没有开始和结束的

一般所讲的开头和结尾实际上都是假设。时空也是没有头尾的，所说的头尾也是一种假设，科学研究中不可能离开假设，离开了假设，假设的前提、人们的语言交际等都难以进行。事物不是同时空同样显现的，显和不显，一切物质都处在一个运动的中介环节，或者说在过渡状态，或者说在潜和显的状态。潜和显是运动的体现。语言也如此。所以，一般不说语言的产生和消亡。

(2)语言不是同时空同样显现的

人说话时，不能将所有的话同时空说出来，别人也不能同时空听所有的话。例如，一个人说:“我—说—话”,却不能把这些音义同时说出来,说“我—”的时候,“说—话—”是潜藏的。到说“说—”了,“我—”和“话—”是潜藏的,“我—”是过去态,“话—”是未来态,“说—”是现在态。这是事实,也是基本道理,这个层面是哲学层面。不仅语言如此,潜显理论还是宇宙的大规律。

交通有绿灯还有红灯,人日出而作日落而息,人的记忆有清晰和遗忘,有的人显这个特点有的人显那个特点,人有生有死,小到计算机里把不常用的符号隐藏起来而常用的显示在桌面上,无一不体现了潜和显。语言的潜和显也是为了交际。要不然怎么交际呢?要不然怎么交际得好呢?你一直“我—”下去怎么行?潜和显以及它们的程度和类型等组成了美妙的语言交响曲。

(二)语言潜显的条件

1.语言内部条件

(1)构成语言新的色彩的可能性几乎是无穷尽的

构成新的语言都有色彩,已有的和新的语言原来的色彩都可能变化。语言里有现代色彩、科技色彩、典雅色彩、庄重色彩、正式色彩、随意色彩、诙谐色彩、调侃色彩、平实色彩、新颖色彩、稳定色彩、外来色彩、方言色彩、地方色彩、褒贬色彩等,这些色彩还有程度的不同,常常还有交融的,交融的某方参加的程度也不同。

(2)语言自我调节

新出现的语言现象不同程度地使原来的语言或大或小失去平衡,引起语言内部或大或小的调节,这是始终的、广泛存在的。潜、显就是语言调节的方式。显是脉动的膨胀,是吸收。潜是脉动的收缩,是排斥。某些词语的某些义项或色彩的淡化,让位于另外一些,更是常见的潜和显。语言的各种调节,都可以归结为语言的潜和显,而它的总趋向是满足社会不同方面的人和不同方面的和谐与矛盾共处共生的交际、思维、认知的需要。

2.语言外部条件

外部条件无非是社会和人的因素,以及二者的结合。

语言具有精神——表现在吸取、排斥等的调节功能,又反映人的精神活动。语言是人精神的重要的显现物。人把自己铸造进了语言之中,语言成了人的一面镜子。每个使用语言的人都在推动或者阻碍语言的发展。如果说社会的语言是一个活动的大系统,暂且叫它为客体语言,每一个人使用的语言是主体语言,那么每个人除了把自己民族、时代等的积淀加到主体语言里之外,还把自己的文化、教养、好恶等加了进去。

第三节 层次与人文性理论

一、层次理论

(一)人类语言是开放的梯形结构

层次理论是指语言是分层次的。层次是语言运动的时空和方式。这个层次跟事物分层次、人的认知过程分层次、人的很多方面分层次是密切相关的。这个结构的底层比较稳定，越往上越活跃。

新颖色彩经过一定的磨损，稳定色彩逐渐显现，逐渐趋于底层，又有新的色彩的语言往上。语言出现了喷泉现象。底层的能产性大，上部的比较能反映全息。底层跟动物语言交叉。上部跟高于语言的表达手段如音乐等交叉，体态语分层次地上下连贯。

（二）人的层次和语言层次的关系

不同层次的语言对不同的人有不同的要求。例如，小学生一开始学词、短语，复句在后面学。

不同层次的人使用语言的情况不同。语言分为比较稳定的内核和比较活跃的外层以及中介物。内核如基本词汇、基本语法、语音系统等，外层如新词新语、广告语言等。内核部分比较好做标准，外层部分往往适宜提出指导性意见。内核部分，语言水平比较低的人要尽快掌握。语言水平高的人使用了外层里的许多手段。

（三）跟语言学方法层次性的关系

这还是关于语言研究方法和方法论的层次认识的基础。语言研究方法具有层次性。语言研究的基本方法是比较方法，其他的方法都是由比较方法衍生出来的。语言研究要纵横交错，突破历时和共时的严格限制。例如，一般认为双音节动词重叠是ABAB式，双音节形容词重叠是AABB式，而“雪白雪白”是ABAB式，有人认为“雪白雪白”是例外。

其实，古代的重叠式四字格几乎都是AABB式，不管哪种词性。由此而言，原来的说法并不确切，研究这类重叠要从历史、方言比较、跨各类词性看，重叠方式跟双音节词的构词方式有关。基本上是：联合式的AABB式，非联合式的ABAB式。原来说的“例内”的规律是不可靠的。因此，要重视一些语言里所谓“例外”的研究。

这些所谓“例外”，往往是连接上层或者下层的通道。还有，不要迷信语言研究的所谓“自圆其说”。宇宙就不是圆的，不是封闭的，语言也不是圆的，不是封闭的，为什么语言研究要“自圆其说”。应该是什么样的就说是什么样的。对于研究的过程中，碰到一些解释不了的语言现象和说不清的道理，应该如实地说出来，以便自己或者别人进一步研究，切忌为了要“自圆其说”而加以掩饰。

二、人文性理论

这里说的语言人文性或者有时候说的文化语言学里的文化，大体上是指习俗。我们不要忽略语言的人文性，也不要跟语言的阶级性的说法沾边，不要把语言的人文性凌驾于语言的交际属性之上。人是有文化属性的，人的语言交际里是有人文性的，人的语言交际是含有人文性的语言交际。

（一）语言人文性的主要体现

1.在语言观方面

例如，提出“语言内核外层互补说”，重视语言的中介部分；提出“动态，层次，中介，潜显”理论，提出“全息论”和“发展论”结合；认为语言学思想要善于包容，不定于一；提出“大语言”

的思想，认为使用的语言成分都属于一个民族语言的大系统；提出语言就是人，语言研究的对象是语言和人；认为语言研究者要大聪明，要善于领会大自然；认为一般的情况下语言工作、教学和研究要注重建设，注重新的好的语言现象，重视语言创新，注重新的、好的语言学思想；认为语言运动是脉动。

2. 在语言研究方法方面

主张进行纵横交错的研究，突破历时共时严格限制，突破空间严格限制，既注意语言不同时间、空间的差异，更注意语言不同时间、空间的联系；认为语言研究的是语言现象跟出现语言现象的条件的关系，而这样的类似函数的关系就是语言运动的规律，规律是一定的，语言研究主要是研究这样的规律，从多样复杂的现象里认识的规律才比较可靠，因此不存在语言的习性原则，不存在语言的“例外”。

语言的序如果拿内部的整齐或者系统的关联作为序来说，从梯形下部往上情况越来越不整齐，也就是更无序；而系统间的联系更紧密，反映语言的全貌和本质更充分，也就是更有序，总体来看语言的序是混沌的序，语言研究的方法要注重混沌的方法。

对语言现象的认识不能无穷尽类推，大的范围里的语言研究需要宏观和微观结合；调查不搞竭泽而渔，发挥参考性而缩小局限性；研究者本人的层次与语言规律的层次共振，才好认识和研究相关的规律；研究者的语感和论感都要好，尤其是语言表达要好；不搞形式主义的所谓语言美，语言美是形式和内容的结合，研究者特别要向人民群众学习语言，语言研究的目的是为群众服务，语言研究好不好也用是不是为群众服务好了来检验，要充分尊重群众的话语权，语言工作里的“因势利导”的“势”主要指群众的理解、支持和参与。

3. 在语言使用方面

重视“语结”与“整体设计语言”在表达中的作用；语言表达以自然为大法，呼唤语言表达的个性，实际上是呼唤语言表达的真诚，天道自然，文如其人，语言表达者要真诚、自然；语言表达的样式应该交融、发展，各种样式不一定是“不是我吃掉你，就是你吃掉我”的关系，可以是共存共荣、取长补短的互补关系。

4. 在语言能力以及培养方面

语言交际能力要在实际的语言交际里培养，而且不是一次性能完成的，语言交际能力要重视把趋同和趋异很好地结合；语言表达的个性总有基本的要求，最基本的要求是与人为善、厚道、自然。语言与语言学理论是一种修养，也要体现在语言能力方面。语言的人文性跟语言的工具性、符号性，是结合的，这是事实，脱离语言的工具性、符号性，奢谈语言的人文性不是实事求是。语言的人文性跟语言的民族性有密切的关系，但是人文性与民族性也应该是动态发展的、开放的、善于进取的。

语言的人文性，也是由语言的交际性决定的，也是为了交际得更到位。语言的人文性是大人文性，不局限于称谓等一些方面，更不能拿小人文性反对大人文性，因此语言宏观的研究很重要。语言的人文性又不是无根之木，是随着许多因素发展的，是为群众服务的，不是吓人的图腾和打人的大棒。

（二）研究人文性理论的方法

语言人文性研究的核心任务是通过语言去研究处于复杂的社会、历史关系中的人，也通过后者去研究前者。现代语言学之所以能超越传统语言学，不断取得新的进展，其至关重要的一点就是人们对语言研究中的方法论和方法的重视与不断更新。从这个角度看，无论索绪尔的“哥白尼式的革命”，还是后来的“乔姆斯基革命”，“革命”的武器都离不开与认识论紧密相关的新的方法论与方法。因此，要想在语言人文性的研究中取得大的突破，即真正深入系统地揭示语言中所反映人的文化现象、规律，以及文化中所反映的语言现象、规律，方法论与方法的重视与变革值得高度关注。

就目前而言，在语言人文性的研究中，主要应该坚持以下几方面的方法论思想。

1. 辩证法思想

坚持辩证法思想，就是要避免在语言研究中把一些要素割裂开，重此轻彼、顾此失彼。例如，重视共时而忽视历时，重视静态而忽视动态，重视语言内部而忽视语言外部，等等。辩证法的思想就是要我们在语言人文性的研究中把上述一切相关的要素有机地统一起来，在统一中寻求差异，在差异中寻求联系，在联系中寻求协调。

2. 系统论思想

没有系统论的思想，辩证法的思想很容易导入庸俗辩证法甚至“中庸论”的歧途。在语言人文性的研究中，坚持辩证法并不等于放弃系统论的思想：既要认识到语言系统内部、社会文化系统内部以及两者之间都是辩证统一的，也要认识到每个系统内又绝非混乱无秩序的，而是具有不同的层级体系的。

这些层级体系尽管因为人的思想、活动而交织在一起，但作为研究者来说，从不同的立足点出发，往往就能把握特定的研究对象。这样，在研究语言人文性的时候，同样要研究语言系统以内的各个子系统，包括语音、音位、词汇、句法、语义等，也要研究文化的系统，包括政治的、历史的、民族的、地理的等，以此探求系统、子系统之间的相互作用关系及其演化规律。

3. 发展的思想

运用到语言的人文性研究中，突出表现在以下两方面：

①语言的发展是绝对的，语言没有发展也就无所谓人文性，在重视共时、稳态研究的同时，要重视历时、动态研究。

②发展包括质与量的变化，而这种变化除了在语言系统、文化系统内外表现出不均衡性外，还应注意到，变化往往是基于比较稳定的要素实现的，不管是语言系统还是文化系统以及二者之间的关系，总是存在大量相对恒定的方面。研究这些恒定的方面更有助于研究变化的方面。按照进化论的思想，则语言的人文性总是处于比较恒定与变化、量变与质变等复杂的发展趋势中。

所以，在研究语言人文性时，应当尝试采用多方面的方法。人类探索知识的方法可以归成三大类：科学的、人文科学的和社会科学的。科学旨在发现世界，使观察到的客观事实标准化，所以要尽量减少观察中由人造成的差异，使用的方法主要是观察、记录和重复实验。

人文科学则重在解释，寻求创造性的个性化，所以寻求的不是科学上的一致看法，而是可替代的解释，强调的是主观的反映，所以人文科学的方法总是以直觉、创造性、阐释和顿悟为主。与前两者相比，社会科学主要把人作为研究的对象，既要理解人的行为，又要解释人的行为，所以也要求有准确的观察，采用的方法则有归纳、演绎等多种。这种划分方法在现实中未必有多少指导意义，但说明科学的不同研究方向往往要求有相应的研究方法。

在语言人文性的研究中，特别是在文化语言学的研究中，一些学者主张要用解释而不是描写的方法。其实，语言人文性的研究，既不能单纯用描写，也不能单纯用解释，而要二者兼用并重。这是因为，强调从文化的角度去研究语言，那当然要用解释的方法，而从语言的角度去观察文化，那当然要用描写的方法。但语言的人文性是语言与文化等共同作用的结果，要想对语言的人文性作较全面的研究，主要还应站在人的角度，从语言与文化的关系上而不是单从文化或语言角度去进行研究。所以，要解释与描写并重，具体包括观察法、考察法、比较法、归纳法、描写法、解释法、演绎法。除了这些方法之外，研究语言的人文性同样可以引介数学方法、逻辑方法，以及控制论、信息论的许多方法。

需要进一步说明以下几点：

①一门学科或科学不可能只用一种或几种方法。

②任何一种方法都不是万能的，也不可能贯穿于任何科学研究的所有环节。

③方法除了自成体系外，也有层级，上面所列举的方法往往不在一个层级上，因此不能简单划分界限，如描写与解释、归纳与演绎等。

科学研究是一个复杂而漫长的过程，可以分出不同的步骤。例如，确定研究视角，明确思维上的认识过程，描写思维过程，构筑理论体系以及对研究成果进行评价、鉴定等。不同的步骤往往要有不同的方法。

第四节　应用语言学的核心领域

一、二语习得

二语习得是“第二语言习得”的简称，二语习得是指人们逐步提高第二语言能力的过程，而对这一过程的研究就是“二语习得研究”。二语习得是应用语言学的重要研究领域之一，对于探索语言的本质和提高第二语言以及外语教学效果具有重要的理论意义和应用价值。

（一）二语习得的基本概念

1. 二语与外语

“二语”是二语习得研究中的首要概念，其通常是指学习者在掌握母语之后所学的任何一种语言。从广义上来讲，二语既包括二语，也包括三语、四语、五语等，还包括外语。外语一直被看作母语的反义词，随着二语习得研究的兴起，人们才将外语与二语加以区别。从社会语言学的角度来看，外语一般指非本国语言，外语学习就是指学习者在本国学习其他国家的语言。例如，中国学生学习英语，美国学生学习汉语。正常情况下，人们先学习母语然后学习外语，因此外语一定是二语，而二语不一定是外语。通过上述分析也可以看出，二语涵盖外语，但不等同于外语。

就学习环境而言，二语学习主要是在母语环境下进行的，如中国人在英国学习英语，美国人在法国学习法语等；外语学习主要是在非母语环境下进行的，如中国人在中国学习英语，美国人在美国学习法语等。就学习目的而言，二语的学习目的通常是全面地融入目的语国家的生活；外语的学习目的多是到目的语国家旅游、进行短期学习或技术交流等。就学习方式和效果而言，二语学者通过与目的语的自然接触，在学习速度、深度上能够得到较快提高；外语学者基本依靠科学教学，无法全面、成功地掌握目的语，甚至会出现石化现象。

2.习得与学习

在二语习得研究中，"习得"和"学习"是一对相对应的概念，二者的含义存在着交叉和重叠。很多学者都用这一对概念来区分两种不同的语言获得过程和方式。下面从不同的角度来分析这一对概念。

克拉申认为，成年人通过两种不同的方式获得第二语言。第一种是习得，类似于儿童母语的获得方式；第二种是通过学习的方式。就学习方式而言，习得是指"非正式"的语言获得，儿童基本都是以这种方式来获得母语；学习是指"正式"语言规则学习，也就是通过课堂教学的方式获得第二语言。多数成年人基本以这种方式获得第二语言。

就语言获得的心理过程而言，习得多指自然状态下的语言获得，而学习则是有意识的语言知识的获得。心理学界将前者称为"内隐学习"，将后者称为"外显学习"。

就语言获得的知识类型而言，以习得方式获得的知识是隐性语言知识，以学习方式获得的知识是显性语言知识。

虽然习得和学习有所不同，但二者是很难区分的。埃利斯常将习得和学习看作两个可以交互使用的概念，指出二语习得既包含自然状态下的语言习得，也包含课堂环境下的语言学习。

(二)二语习得研究的学科定位与学科性质

1.二语习得研究的学科定位

二语习得研究主要探索人们在掌握母语后是如何获得第二语言的，二语习得理论就是系统地研究二语习得的本质和习得过程。

二语习得研究始于西方20世纪60年代末70年代初，并吸引了大批国外学者的研究，从早期的旨在改进二语教学的研究，到后期的探讨二语知识的大脑表征和语言习得机制等研究，不仅研究的重点在不断转移，研究的领域也在不断扩展。现在，二语习得已经发展成为一门诸多学科交叉的、有明确研究对象及一整套独立于普通语言学、一般语言习得理论的完整知识体系和研究方法的独立学科，并迅速发展成为当代应用语言学的前沿阵地和相关学科(如外语教学法理论)的基础理论研究。在全世界尤其是欧美国家的语言学界、语言教学界等领域普遍认可二语习得研究已完全成为一门独立的学科，二语习得最初虽是应用语言学的一个分支，主要对语言教学提供帮助，但随着中介语假设的提出，它已从应用语言学和生成语言学理论中分离出来，成为一门独立的学科。

2.二语习得研究的学科性质

二语习得研究并不是一门单一的学科，它从众多的相关学科中吸收营养，但又不是这些学科的简单综合，有着跨学科的特点。具体而言，二语习得研究主要从语言学、心理语言学、社会语言学、心理学、教育学、社会心理学、认知心理学、神经语言学等学科和社会科学借鉴和吸收有益的理论、方法和研究手段为自己所用。反过来，二语习得研究对相关学科的研究和发展也产生着重要影响，因为学科之间的借鉴、应用和发展都是相互的。

总之，二语习得研究是建立在综合的应用语言学研究、心理学研究、教育学研究及其相互交叉学科研究等方面的研究成果的基础之上的，其研究方法和过程是把二语习得作为一个有结构特征的实体，充分揭示它的内部和外部矛盾，通过专门的研究从语言学研究、心理学研究、教育学研究理论中吸收能够解决这些矛盾的有用的成分，加以综合、梳理，使这些有用的成分统一起来，共同认识二语习得这一复杂的过程。

（三）二语习得研究的主要内容

关于二语习得研究的内容，可以从理论与应用两个方面来思考，二语习得研究大致分为理论二语习得研究和应用二语习得研究。理论二语习得研究就是建立二语习得理论，从语言学、社会学、心理学等角度研究二语习得的语言过程、心理过程和认知过程。具体研究学习者在掌握了母语之后如何学习另一种新的语言，研究学习者习得情况，研究大部分学习者的第二语言无法达到母语水平的原因，研究母语对二语习得的影响，研究学习者运用第二语言的过程等。应用二语习得主要研究如何运用二语习得研究成果来改进外语教学方法、课堂活动、教材编写以及提高课堂教学效果，研究课堂语言教学对语言习得的影响，研究语言学习者的个体差异等。

二语习得是一个动态的非线性的复杂过程，其受多个因素的影响，如语言因素方面的源语、目的语、第一语言的标记性、二语的标记性、二语习得的语境等，学习者因素方面的年龄、语言潜能、动机、态度、性格、认知风格、性别、兴趣等。

1.情景因素

情景因素是指与交谈的对象、交谈的环境、交谈的主题等因素。例如，在课堂教学这一场合下，交谈者是教师和学生，双方使用正规的语言，主要学习语言中显性的特征，如词汇、语法等。克拉申又将这些情景称为“学习语言”，即学习者有意识地认识第二语言的过程，其中人的大脑运用了监察机制，来监督语言是否正确、是否符合语法规则，因此交际双方都有心理压力。但在自然的语言环境中，人们以交际为中心，注重的是意义，而非语言形式，交际是在无意识状态下进行的，因此交际双方没有心理压力，也不会在意和纠正对方的语法错误。

2.语言输入

语言输入是指在用第二语言听或读时所接收的第二语言输入的类型。但乔姆斯基认为，输入只是开动了学习者“内在的语言习得机制”。问题的关键是向第二语言学习者提供适合其语言发展阶段的输入。话语分析的研究表明，第二语言学习者同说母语的人在一起能够进行有效的交际。这就是说，我们需要懂得互动关系，特别是有意义的协商，以理解输入和输出是怎样互动的。

3.学习者的个体差异

很多人认为，儿童第二语言水平的提高不仅受各种情景和教学方法的影响，也受学习者个体差异的影响。例如，年龄、认知方式、学习语言的能力、动机、态度、性格等，都不同程度地影响着第二语言的习得。虽然埃利斯列举了影响第二语言习得个体差异的诸项因素，但现在的研究还不清楚这些因素影响第二语言习得的思路和速率的程度。

4.学习者的加工过程

只考虑外部的输入和第二语言的输出来研究二语习得显然不够。二语学习者还要把接收到的输入进行过滤、加工及组合。但这个过程是观察不到的，只有在语言学习的认知策略中做出推论。弄清楚学习者的加工策略对教师来说十分重要，因为教师需要知道怎样才能构成可理解的输入，怎样才能创设有利于习得的情景。

5.第二语言输出

第二语言输出是埃利斯理论框架的最后一部分。埃利斯认为，学习者的语言水平并非固定不变，而是随着其所处的环境不断变化。斯温则认为，有机会从事有意义的口头交际是第二语言习得中的一个必要的组成部分。一个人可以懂得一门语言，但是如果缺少有意义的练习，那就不会说得流利自然。

从二语习得过程来看，我国研究已侧重到学习者接受的输入语的话语分析，研究问题深入到语言迁移、输入语、语言变异等，由从研究语言能力的习得过程，向研究学习者语用和跨文化交际能力的习得过程方向发展。

二、心理语言学

心理语言学主要是研究语言和心理的，是一门只有几十年历史的边缘学科。近年来，越来越多的语言学家和心理学家认识到语言研究的重要性。语言学家想知道他们所描写的语言结构是否符合人们在心理上处理语言的实际过程，心理学家也想揭示他们所研究的言语行为的心理基础。所以，心理语言学的诞生是语言学和心理学发展的结果。

(一)心理语言学的性质

从广义上讲，心理语言学是从心理角度研究语言的一门学科。从狭义上讲，心理语言学是研究语言与大脑的关系，即研究语言行为和行为发生时的心理过程的科学。

心理语言学是一门交叉学科，它的研究会对很多学科产生影响，如语言学、心理学、社会学、神经学、教育学、社会语言学、计算机科学等，同时这些学科的研究成果都可应用于心理语言学中。近年来，心理语言学在我国发展的显著特征是心理语言学在外语教学中的广泛运用。

(二)心理语言学的研究目标

心理语言学关注的是人们在习得和使用语言时必须具有的潜在知识和能力，这些知识和能力是一种心理过程，只能通过观察、研究一些表面行为进行推断，言语的听和说就是这些表面的行为，即言语行为。需要说明的是，我们所说的语言知识是指一个人使用语言的能力，这种语言知识和言语行为属于不同的范畴，通常用语言和言语这两个概念来区分。语言是指语言系统，是一套使用语言的规则，而非行为。言语是每个人讲出来的话，语言和言语的关系密切，不了解语言就无从研究言语，而要研究语言则不能离开言语。心理语言学就是通过对人们言语行为的观察、分析、统计来研究人们在习得和使用语言时具有的知识系统。

（三）心理语言学的研究意义

心理语言学在短短的几十年的时间里发展迅速、应用范围广泛，其研究对学科内外理论和实践都有着重大的意义。

20世纪70年代以来，心理语言学产生了一次飞跃，并由此形成了神经语言学，使语言研究获得更坚实的自然科学基础。这不仅推动了理论语言学的发展，而且对应用语言学的发展也产生了巨大的推动力。心理语言学与语言学、认知语言学以及社会语言学之间存在着紧密的联系，心理语言学的发展促进了这些学科的发展。

心理语言学从一开始到现在，其实践意义是主要的研究意义所在。心理语言学在外语学习、心理词汇、阅读理解中已得到了充分的应用，应用价值得以充分体现。

三、社会语言学

社会语言学是应用语言学的重要分支，是20世纪50年代才兴起的一门较年轻的学科。所以，关于社会语言学的性质、特点、研究内容等，语言学家和社会学家还没有形成统一的认识。

（一）社会语言学的性质

社会语言学是语言学的分支之一，研究语言和社会的各种关系。社会语言学研究社会集团的语言同一性、社会对语言的态度、语言的标准与非标准形式、使用国语的方式和需要、语言的社会变体和社会层次、多语言现象的社会基础等。

社会语言学是语言和社会领域中相互交叉的复杂的研究领域。社会学家使用语言学的材料来描写和解释社会行为，这通常称为“语言的社会学”。社会学、语言学和教育方面的研究都属于社会语言学。

（二）社会语言学的研究范围

社会语言学的研究范围有微观和宏观之分。微观社会语言学又称为“小社会语言学”，其以语言为出发点，研究语言的社会性变异，探讨社会因素对语言的影响，考察语言变异发生的原因和规律等。宏观社会语言学又称为“大社会语言学”，其以社会为出发点，研究社会中的语言问题，探讨语言在社会组织中所发挥的功能。实际上，二者并不是相互对立的，而是相通的。

1. 微观社会语言学

语言总是处于不断的变化当中。语言的变化有两种：一种是语言作为一个有机体而自发进行的自我调适行为，属于客观的、语言结构内部的变化，称为“内部变化”。另一种是因语言结构外的社会因素引发的变化，是社会中的某些“言语共同体”为区别其自身的社会特征而主观产生的变化，称为“外部变化”，又称为“变异”，而变异的结果是“社会方言”。微观语言学就是研究语言变异和导致变异的社会因素之间的关系，揭示变异的规律，寻找导致语言变异的社会参数。

微观社会语言学常采用统计的方法和概率的模式来描写变异现象。引发语言变异的社会参与包括性别、年龄、阶级、城乡、教育程度、职业等社会变项。基于这些变项，微观社会语言学主要包含以下内容。

(1)语言的性别变体

性别变体是指因社会性别的不同形成的语言变体。社会中的男性和女性因为生理、心理以及社会等方面的不同，在语言习得、语言能力和语言运用上呈现出一定的差别。通常，女性的语言能力要比男性强，其身份意识很强，关心语言的形式，注重语言的清晰性和规范性，用词比较文雅，表达比较委婉，常用声调和疑问句。相比较而言，男性更注重言语的内容，常使用非标准化的语言形式，表达率直、肯定、粗犷，常用降调和祈使句。在对语言运用的态度上，男性和女性的态度也截然不同。从社会的角度来讲，由性别差异形成的语言变体，对男性和女性的社会地位有着直接的反映，即男性处于社会主导地位，女性处于社会从属地位。

(2)语言的年龄变体

年龄变体是指因年龄差异形成的语言变体，如儿童、青年、中年、老年等语言的差异。很明显，不同年龄的人的话语有很大不同，所以语言的年龄差异实际上是语言在时间上的差异，体现的是语言在同一时代不同年龄层面上语言的渐变。语言的年龄差异有大有小，这主要受时间和地点差异的影响。社会变化越快，语言年龄差异就越大。语言年龄差异最明显的是词汇，其次是语音和语法。通常，年龄相差越大，语言差异就越大，而年龄越大，语言越稳定，青少年往往追求语言的标新立异，是语言变异的先驱。

(3)语言的阶级变体

阶级变体是从社会阶级角度划分的社会方言。因社会身份、经济地位、从事的职业、教育程度等的不同，社会分为不同的阶层，不同阶层的人们所使用的语言有着不同的特点，形成了不同的语言变体。

(4)语言的地域变体

地域变体是从社会地理角度划分的社会方言，包括城市与乡村社会方言的差异以及因某些地域原因产生的语言变体。城乡语言的发展演变速度是不平衡的，城市语言变化快，乡村语言变化慢。例如，就“医生”这一称呼而言，在湖北省武汉市叫“医生”，在鄂南农村多叫“郎中”，“医生”是近现代西方医学传入中国后对行医者的规范称呼，而“郎中”则源自宋元以来南方汉语中对中医的称呼。不同的称呼反映出了不同的社会环境和历史文化背景。

(5)语言的职业、集团变体

职业变体是从社会分工的角度划分的社会方言，具体是指在某个专业领域所使用的符合本领域特点的语言形式，多是词汇形式的变异。职业变体主要包括术语和行话。具体而言，术语和行话是职业或专门领域为准确表达和有效沟通所使用的语言形式。

2. 宏观社会语言学

宏观社会语言学是从社会学、人类学、心理学、历史学、地理学、哲学等其他社会学科的角度研究语言与社会的关系。宏观社会语言学侧重研究语言的社会功能，具有很强地解决社会现实问题的应用性，其常采用定性的、阐述性的研究方法。

宏观社会语言学研究的内容主要包含以下四个方面。

(1)社会学的社会语言学

社会学的社会语言学主要研究语言与社会的宏观战略性问题，如一个国家或地区为实施语言文字的行政管理所制定的法律法规和宏观的规范、措施。具体而言，国家的官方语言、国家语言的确立、文字的改革、语言的规范化、多语言社会标准语言与方言的关系、国家与研究教育政策等都属于宏观社会语言学研究的内容。其研究成果主要应用于国家、政府的语言决策和建设。

(2)文化学的社会语言学

文化学的社会语言学主要研究语言与文化之间的关系。其具体研究内容包括因文化交流而产生的外来词、洋泾浜语、混合语，语言对文化的影响和制约，语言的禁忌和崇拜，亲属称谓的文化人类学研究，人名、地名的历史文化内涵等。

(3)民族学的社会语言学

民族学的社会语言学的主要研究内容包括立足于少数民族母语的双语教育，少数民族语言与主要民族语言的相互影响，少数民族母语的价值与维护，少数民族成分的语言识别，少数民族文化的推广和翻译等。

(4)语用学的社会语言学

语用学的社会语言学以不同语域和语体的言语活动为研究对象，研究语言的功能变体和语言转换，也就是研究言语交际的原则、策略、会话结构和风格等，具体包括语域变体、语体变体、会话分析等。

(三)社会语言学研究的价值和应用

1. 社会语言学研究的价值

①社会语言学对语言学的研究产生了重大影响，改变了传统语言学只研究语言内容、语言结构的状况，扩大了语言学研究的范围，将社会语言、语言外部研究、语言应用、语言变异等作为研究的对象，使语言学更加贴近社会生活。

②社会语言学研究有助于人们了解社会发展变化的情况和原因。例如，对 1949 年以后的词汇变化进行研究，包括新词的出现、变化、派生等，有助于社会生活的变动情况进行探索。

③社会语言学研究为语言政策的制定提供了理论依据。对社会语言的状况进行调查，有助于语言国情的认识，有利于制定和实施相应的语言政策和规划。

④社会语言学研究为语言教学提供了重要理论的材料。社会语言学研究语言变体、语码选择和语码转换等，将其运用于语言教学，提高了语言教学的水平，尤其是对双语教学水平十分有利。

⑤社会语言学研究语言运用的规律和个人使用语言的特点等，这对提高语言应用水平和语言素养具有重要意义。

2.社会语言学研究的应用

社会语言学的研究成果有着广泛的应用。它可以解释和解决社会生活中的各种语言问题，而且在语言规划、语言教学方法方面发挥着重要的作用。

(1)社会语言学与商业

社会语言学与商业有着密切的关系，如广告语言就是社会语言学研究的重点内容。社会语言学家经常提醒商界的一个问题就是商品名称中的“塔布”问题，即在一个国家语言中非常动听的商品名称，在另一个国家可能是可笑甚至忌讳的词语。

(2)社会语言学与法律事务

在法律案件的审理过程中，社会语言学家也起着重要的作用。例如，社会语言学家拉波夫就通过声音使得一名受控人员无罪释放。受控人员是一个纽约人，被指控打电话威胁洛杉矶航空公司。拉波夫通过对电话录音进行辨别之后，指出打电话者并非纽约人，而是新英格兰东部地区人。这一例子充分说明，社会语言学对语言变体的研究可以很好地服务于法律事务。

(3)社会语言学与人际交往

社会语言学注重语篇分析，涉及对律师与当事人、顾问与咨询人、雇主与求职人、课堂上师生之间的对话等进行语篇分析，研究这些内容可以有效识别和缓解人际交往中的语言冲突。

(4)社会语言学与医学

在社会语言学中，医生与病人之间的谈话是非常值得研究的。例如，医生和病人是否使用相同的语言或方言，对沟通效果有着直接的影响。此外，医生与病人之间的问答方式、医生对对话的控制方式、医生的话语对病人病情的积极作用等，都是社会语言学值得研究的内容。

(5)社会语言学与语言教学

语言教学中的双语教育不仅仅涉及语言教学问题，还涉及文化冲突和社会矛盾等，这些都是社会语言学研究的重要内容。同时，“交际能力”对二语习得和外语教学起着重要作用的概念就来自社会语言学。

第七章 应用语言学在英语教学中的应用

第一节 应用语言学指导下的英语听力教学

一、英语听力教学的内容

(一)听力知识

教师在听力教学中首先要向学生传授各种听力知识,这也是听力教学的基本内容。听力知识主要包含以下几个方面的内容。

1. 语音知识

要想顺利进行听力活动,听者首先要听懂所接收到的内容,在接收到内容的同时,听者需要在大脑中输入听觉信息,因此了解语音知识对听力理解起着基础性的作用。由此可见,语音知识的传授是听力教学中必不可少的环节。

2. 文化知识

语言与文化密不可分,语言本身就是文化的重要反映,语言信息背后蕴含着各种文化信息,听力材料更是如此。因此,如果学生没有一定的文化知识储备,在听力过程中会遇到很大的障碍。由此可见,学习文化知识是学生听力学习的重要内容,传授文化知识也是教师在听力教学中的重要任务。

3. 语用知识

听力具有听说轮换性的特征,也就是说,听是听者和说者双方的事情,听者在说者说完后要做出一定的反应,这就涉及交际。如何对听到的内容做出有效的回应是说者面临的问题,这就需要说者借助于相应的语用知识来有效地把握。

(二)听力技能

如果说听力知识是学生必须具备的基础知识,那么听力技能就属于较高层次的实际运用语言的能力。有时听力材料的信息比较多,学生需要在众多的信息中运用自己的知识和技能将材料中的重要信息筛选出来。针对不同的听力题型,教师应该向学生教授不同的听力技能,如猜词义,听关键词、过渡连接词、预测、推断等。这些听力技能就是英语听力教学的重要内容。

(三)听力理解

听力理解内容的讲授是为了提高学生的理解能力,帮助学生理解其所听内容。听力理解既是自下而上的语义解码过程,也是自上而下的语义阐释过程,更是二者结合的过程。听力理解也是英语听力教学的重要内容。

二、英语听力教学的原则

(一)激发兴趣原则

听力能力的提高是一个艰难而缓慢的过程,正因如此,很多学生觉得对听力学习望而生畏,很容易打退堂鼓,有些学生则因为迟迟得不到进步而直接丧失对听力甚至英语学习的兴趣。如此看来,保持学生对听力的兴趣是十分重要的。对此,教师在开展听力教学之前应充分了解学生的兴趣,了解学生喜欢什么样的听力材料,或学生对哪些听力活动感兴趣,对这些基本情况加以了解后,教师可以有针对性地选择听力材料,并采取一定的方法调动学生的学习兴趣,进而保证教学高效地进行。

(二)情境性原则

学生在进行语言学习的过程中通常需要与周围环境进行有效的互动,这样学习才更有效果。学生也只有在自然、放松的环境下,才能与环境产生有效互动,并获得真实的语言体验,也才能真正提高听力能力。这就要求听力教学必须坚持情境性原则。教师要努力营造舒适、自然的课堂氛围,创建一种与学生所学母语接近的自然的语言习得环境。当然,良好的课堂氛围不光需要教师的努力,更需要教师和学生双方来共同营建。

(三)交际性原则

开展听力教学,其最终目的是让学生听懂地道的英语,并且能顺利进行交际。因此,在英语听力教学中,教师首先应严格要求自己,保证自己的发音准确,同时保持正常的语速,这样才能避免误导学生,使学生学到准确的英语。此外,教师还应多为学生播放录音,让学生尽可能地听地道的英语,培养学生的语感和发音。

(四)分析性和综合性相结合原则

在听力教学中,教师应注意分析性的听与综合性的听有机结合,从而提高学生的听力能力,分析性的听是指对听力材料进行仔细分析,将注意力放在材料的细节上,逐词逐句地听。综合性的听是指不用仔细听每一个细节,而是将注意力放在对材料整体的把握上。将分析性的听与综合性的听结合起来,既可以提高学生的细节分析能力,又可以提高学生的整体理解能力。

(五)选材真实原则

学生学习英语听力是为了将来能够在真实的语境中有效进行交际,而不是单纯为了应付考试,所以听力材料要真实。在具体的教学过程中,教师应选择真实的听力材料,如可以选择完成的广播节目或一段英语电影片段等作为听力材料,这样的听力材料不仅真实而且表达地道,能让学生切身领悟英语的特点,培养学生的语感。此外,要注意材料的难易程度,材料不能太难,这样会给学生造成心理负担,但也不能太简单,否则起不到锻炼学生听力能力的目的。

三、应用语言学指导下的英语听力教学方法

(一)互动教学法

1. 互动教学法的概念与优势

根据应用语言学中的动态理论,教师可以采用互动教学法展开听力教学。具体来说,互

动教学法是指教师在听力教学实践过程中，针对听的内容与学生展开各种交流与探讨。对学生来说，在听的过程中，不仅需要接收并解码所听的信息，还要在此基础上做出一定的反应。

采用互动教学法进行听力教学具有明显的优势。互动教学可以充分激发出学生的兴趣和积极性，提高学生对英语听力内容的理解和接受能力，同时能让学生通过听力活动养成积极思考的习惯，此外，由于听源的不同，互动教学可分为听人说话时的互动以及听录音时的互动。

2. 互动教学法的实施

在听力教学的很多环节都可以用到互动教学法。例如，在听录音时，教师可以采用互动教学法。具体可以分为以下步骤：

①学生听录音的同时，教师将听力材料合理分为若干部分。

②学生听完一部分材料后，教师就可以通过提问与学生进行互动，了解学生听的效果如何。

③听完全部录音材料后，教师与学生共同总结，解决遗留问题。

（二）综合教学法

所谓综合教学法，简单来说就是将听力与读、写、说等技能有机结合起来进行教学。因为英语教学的各项技能中，任何一种能力的提高，都能带动其他能力的提高；反之，任何一种能力的缺乏，都会影响其他能力的掌握和运用。因此，听力教学要与说、读、写教学结合起来进行综合教学，这样不仅可以带动其他技能的发展，而且可以创造真实的语言环境，有利于培养学生的交际能力，收到事半功倍的效果。下面就介绍听力与其他技能的具体结合。

1. 听说结合

尽管听力教学的重点在于听，但根据所听内容增加说的训练有助于学生巩固听到的内容，并增进理解。这主要是由于听是语言获得的必经过程，我们只有听到了、听懂了，才能作出相应的反应。如果连听都听不懂，也就谈不上给出反馈了。因此，听力练习的过程实际上也是熟悉口语的过程，而口语训练的过程也就是听力锻炼的过程，二者相互促进。在英语口语中，不同的语调表达不同的感情，教师必须注意这一点，鼓励学生用口语表达自己的思想感情，使学生在说的过程中揣摩不同语调的内涵。需要指出的是，在听力教学中，听说结合看起来是有听有说，但还是要以听力教学为主，教师应该做到有轻有重、主次分明，通过口语有效带动学生听力水平的提升。

2. 视听结合

多媒体教学如果已经成为英语听力教学的有效工具之一，这主要得益于科学技术手段的不断更新。对此，教师也要做到与时俱进，充分利用先进的教学手段服务于英语教学，特别是听力教学。在传统听力教学中，教师更多的是通过把磁带录音播放给学生听，并与学生开展互动。在多媒体技术迅速发展的当下，教师可以充分利用互联网，并让学生多看一些音像视频材料。此外，教师还可以鼓励学生在课外多看英语电视节目、计算机学习光盘以及网上视频英语等，使学生通过视听结合的方式更为有效地习得语言技能。

3. 听读结合

乍看一下，读与听似乎没有什么密切关联，实际上，将阅读与听力巧妙结合对学生的听力学习大有裨益。长期坚持边听边读，不仅可以加深对文本的理解，而且可以提高对语言的反应速度。听读可以二者同时进行，也可以先读后听、先听后读，还可以听读交替进行。在听力教学过程中，教师要注意读对听的有效影响，引导学生将听读结合起来。

(三)微技能教学法

掌握一些行之有效的听力微技能方法，对学生来说，无论是在应试中，还是在平日训练中，都很有益处。因此，在听力教学过程中，教师要注意向学生传授一些听力微技能，并引导学生灵活使用。大体来说，这些技能主要涉及以下几个。

1. 猜测词义

猜测词义是听力微技能教学的重要方式。在听力实践过程中，听者很难完全听明白材料的每一个词，此时就可以通过上下文等进行词义猜测，从而更加顺畅地理解材料内容。

在听力实践过程中，切勿一有生词就打断思路，应该从整体听力活动入手，综合使用词义猜测技巧，保证听力活动的进行。

2. 听前预览

听前预览就是在做每一个小题之前，先把每个小题的选项通读一遍。通过听前预览，不仅可以预测要听到的句子、对话或短文的内容，还可以事先掌握一些数字、人名、地点之类的特别信息，尤其是听力中的一些人名。如果不进行预览，一旦题中提到两个或两个以上相似的信息，就很容易对听者产生干扰，进而影响正确答案的选择。由此可见，在做听力测试前进行听前预览对于有效地完成听力很有帮助，因此教师在授课过程中要教授学生听前预览的技巧，以提高学生的听力能力。

3. 注意所提问题

在选择正确答案之前，首先要听懂所提问题，如果没有弄清楚所提问题，即便听懂了内容也不可能选出正确答案，所以弄清楚所提问题在听力训练中是非常关键的。

4. 留心关键字

对学生来说，要想完全听懂一段听力材料是不可能的，而且是没有必要的。进一步来说，没有听懂并不等于不能答题，学生有时候只听懂了其中的一部分，仍能答对问题，其中关键词的把握十分重要。因为有些题目主要就是听关键词，抓住了关键词，问题也就迎刃而解了。所以，教师在听力教学过程中要注意培养学生抓关键词的能力。

第二节　应用语言学指导下的英语口语教学

一、英语口语教学的内容

(一)语音

在英语口语教学中，语音是最基础的内容。在口语表达过程中，如果语音有误，或者语调有变，很有可能引起理解困难。具体而言，音节、重读、弱读、连读、意群、停顿、语调等语音知识都是英语口语教学的重要内容。

(二)词汇

词汇是语言的核心，同样是口语表达的核心。口语表达是一种创造性技能，当合乎交际礼仪的交流框架架构起来之后，整个交流就有赖于词语作为思想和文化的载体来填充。在学习的过程中，很多学生认为自己已经掌握了所学词汇，但在真正的交际过程中仍不会使用。由此可见，学生的词汇问题不能得到有效解决，那么口语表达能力是难以得到提升的。

所以，词汇的掌握对于口语表达而言至关重要，这也决定了词汇在口语教学中的重要性。要想切实提高学生的口语能力，教师就要从基础入手，逐步扩大学生的词汇量，为学生口语能力的提升打好基础。

（三）语法

语法是语言运用的基本法则，是词汇组成句子的重要规则，要想实现沟通的目的必须构建出符合语法规则的句子，只有句子符合语法规则才可以被听者理解。所以，语法也是大学英语口语教学的重要内容。

（四）会话技巧

学生在进行口语表达时，需要掌握一定的会话技巧，这样可以使交际更加流利。对此，教师在口语教学中应向学生传授一定的会话技巧，以帮助学生有效进行交际。

（五）文化知识

除了需要掌握上述基本知识，学生还要具有一定的文化知识，否则难以有效进行交际，所以文化知识就成了英语口语教学中不可或缺的内容。教师在口语教学中要有意识地向学生传授文化知识，这样学生在口语交际过程中才能使语言表达符合相应的文化氛围和语言环境。

二、英语口语教学的原则

（一）循序渐进原则

口语能力的提升不是一蹴而就的，因此口语教学也应遵循循序渐进原则，层层深入、由易到难。例如，我国大学的学生通常来自全国各地，学生的英语口语多多少少会受方言的影响。对此，教师首先要接受这一客观事实，不能责怪学生。然后，教师应仔细分析学生的语音特点，了解学生在发音过程中遇到的困难并进行总结，再集中对学生进行指导。此外，教师在设计教学目标时要注意难度的把握，不能过难也不能过易，以免给学生学习口语带来负面影响。

（二）科学纠错原则

口语学习中免不了出错，这是非常正常的事情，因此教师对学生在口语活动中出现的错误一定要采取科学的态度对待。一般来说，如果是学生正在进行口语对话训练，教师对一些无关紧要的语法问题可以酌情忽略，不要听到学生出现错误就立即打断并纠正，这样很容易打击学生说的积极性。教师应当在学生对话训练结束之后，统一指出训练过程中的错误，并提醒学生加以注意。当然，对一些重大的错误，教师也要在训练结束后立即指出并告知学生，以免再犯。

（三）互动原则

口语练习本身是一件很枯燥的事情，长期的枯燥练习很容易削弱学生对英语学习的兴趣。对此，教师在口语教学中要坚持互动性原则，不要放任自流，完全不管学生的练习进度与练习效果。教师应努力使学生的口语训练充满互动性，这种互动能有效保持学生对口语学习的兴趣。此外，为保证练习的互动性，教师为学生设计的话题应能够使学生展开互动性的练习活动法，使学生之间进行有效的互动练习。

(四)鼓励原则

学生在练习口语表达中难免出错，学生学习口语的过程可以说就是不断试错与纠错的过程。不仅如此，有的学生一旦出现表达方面的错误，就很容易出现焦虑情绪，如果不进行干预，久而久之学生会失去对口语练习甚至英语学习的自信与兴趣。因此，教师一定要对学生具有足够的耐心，多鼓励学生，对其多多表扬，为其树立口语表达的自信心。在教师的不断表扬与鼓励下，学生练习口语的动力会越来越足，最终练习效果一定会取得质的改善。

三、应用语言学指导下的英语口语教学方法

(一)创境教学法

英语学习的最终目的就是为了交流，而交流不是在真空中进行的，而是发生在一定的情境中，因此英语学习需要一定的情境才能有更好的效果。口语学习更是如此。这提示教师一定要注意口语教学中情境的重要性，要尽量把真实的语言情境引入口语教学，让学生在真实的环境下学习口语，这样学生的表达才会更加地道。一般来说，角色表演和配音活动是两种有效的情境创设方式。

1. 角色表演

角色表演是深受学生喜爱的口语练习方式，因为学生往往都活泼好动，也有天生的表演欲望，而角色表演正好符合学生的这种特点，而且角色表演还能让学生告别枯燥单一的课堂授课，很容易调动学生表达的积极性。所以，教师在口语教学中要多组织角色表演活动，把主动权交给学生，让学生自行分工、自行排练，然后进行表演。表演结束后，教师先不要着急评价，最好先让学生从表演技巧、语言运用等方面发表一些建议，然后进行总结和点评。

2. 配音

配音也是一种很好的提高学生口语表达能力的活动。

(1)选择配音影片的原则

教师在选择需要配音的电影时，要注意遵循以下几个原则：

①语言发音要清晰，语速要适当，学生容易学习和模仿。有些电影虽然很优秀，但是角色说话语速过快，对英语水平要求较高，学生在配音时很难跟上，这就很容易打击他们的积极性。因此，教师在选择影片时要充分考虑学生的英语水平，尽量选择情节简单、发音清晰的影片供学生配音。

②电影最好配有英语字幕，有中英双字幕更好。如果没有字幕，教师可以要求学生提前将台词背下来，如果学生对电影情节比较熟悉，也可以不背。

③电影的语言信息含量要丰富。有些电影尤其是动作片，虽然很好看，学生也很喜欢，但是这类电影往往语言信息较少，甚至充满暴力，因此不适合进行配音工作。

④影片内容要尽量贴近生活。由于影片大多和人们的真实生活很贴近，语言也贴近生活，因此配音起来相对容易些，同时能让学生体会学习英语的实用性，促进他们产生学习英语的内在动机，主动练习口语。

(2)配音活动的实施

①教师可以选取一部电影的片段，让学生听一遍原声对白，在听的过程中教师可以适时讲解其中一些比较难的语言点。

②让学生再听两遍原声并要求他们尽量记住台词。

③教师将电影调成无声，安排学生进行模仿配音。

④教师对学生的配音表演进行评价，要注意多表扬和鼓励学生，并适当指出学生的错误。

(二)探究教学法

探究教学法的核心在于“探究”，它是指在英语教师利用现代教育手段与媒介，综合多种教学资源，以学生为中心，以教师为主导，通过以学生的自主学习、自我探索和自我研究为主要方式，完成语言知识和口语技能习得的教学方法。

与传统教学法相比，探究教学法的显著优势在于其合作性，这也是其一大特征。我们知道，仅仅依靠学生的自主探究来完成知识的学习和技能的掌握，这是不太现实的，此时教师的作用就可以充分发挥出来。由此可见，所谓的合作就是充分发挥教师的主导作用与学生的主体作用，实现教师与学生的通力合作，以达成教学目标，完成教学任务。

(三)文化植入法

1.文化植入简述

文化植入这一概念源自“广告植入”。所谓广告植入就是为了达到营销目的，将产品及其服务的视听品牌符号融入影视或舞台产品中，从而给观众留下深刻的印象。同样，在英语学习中，如果只是生硬地开设文化课，学生会因为文化内容的博大精深而退却，从而失去学习的兴趣和动力。而如果在英语教学中巧妙植入文化内容，那么就能对学生产生潜移默化的作用，从而加深他们对文化的印象，同时产生文化学习的兴趣，最终提高学生口语学习的效果。

需要注意的是，植入并不是无原则地随意植入，需要遵循一定的原则，主要有以下几个原则。

(1)寻找适当的“切入点”

在口语教学中，教师在进行文化植入时，要注意找到一个恰当的“切入点”。因为文化知识背景复杂、内容繁多，通过“切入点”的“植入”，可以激发学生对于相关文化内容的兴趣和关注，有助于学生对口语进行学习和操练。一旦打开文化世界的大门，学生会主动学习。

(2)植入在精不在多

首先，植入的内容切忌太多，这样不仅不会起到正面效果，反而可能会引起学生的反感，削弱学生对英语口语和文化学习的兴趣。其次，植入的内容要精心筛选，要符合学生的兴趣爱好，且能深入浅出，切实帮助学生提高口语水平。

(3)教师植入的内容要服务于口语教学

文化植入的一切内容都要围绕口语教学进行，并与主题紧密相关。文化植入的最终目的是帮助学生更好地应用口语，掌握口语课的教学内容，所以文化植入的内容一定凸显其服务功能。

2. 文化植入的方式

具体来说，文化植入的方式主要有以下两种。

(1)直接呈现

直接呈现是指教师选择与教学内容密切相关的文化主题，然后在课堂上将其直接呈现给学生，引导学生理解这个文化主题。教师在呈现时，可以通过一定的手段将其导入教学内容，例如，在学习有关建筑物的口语课堂上，有很多有关对建筑的描述和表达方式需要进行呈现和练习。此时，教师可以利用多媒体设备，将不同建筑的时代背景、风格特点等展示给学生，同时融入教学要求掌握的一些表达方式。这些内容能引导学生了解学习内容，并使用所学内容进行操练。通过呈现，学生在其表达练习中会更有针对性，也更容易加深印象，掌握知识。

(2)间接呈现

间接呈现是指教师根据教学要求和学生实际情况，灵活设计一些小活动，如游戏、竞赛等，并将文化内容有效植入这些活动中。例如，在有关商务用餐的口语表达学习中，教师要植入“酒文化”。在学生经过前期学习，对酒文化有一定了解的基础上，教师口语组织“抢答竞赛”的小活动。具体来说，教师口语设计一些实用又有趣的英文选择题，供学生抢答，每题结束后再结合直接呈现方式，通过图片、视频等向学生介绍该题所包含的文化内涵。这样，学生在互动中锻炼了自身的口语能力，同时拓宽了知识面。

第三节　应用语言学指导下的英语阅读教学

一、英语阅读教学的内容

培养、提高学生的各种阅读技能是英语阅读教学的主要内容，具体涉及以下技能：

①能够辨认单词。

②能够猜测陌生词汇、短语的含义。

③具备跳读技巧。

④能够理解句子内部与句子之间的关系。

⑤对文章的主要信息或观点进行准确的梳理与把握。

⑥对句子及言语的交际语义进行理解。

⑦能对文章的主要信息进行总结概括。

⑧对语篇的指示词语进行辨认。

⑨能对文中的信息进行图表化理解与处理。

⑩能够理解衔接词进而理解文字各部分之间的语义关系。

⑪能够把握细节与主题。

⑫具备基本的推理技巧。

二、英语阅读教学的原则

(一)课前预习原则

学生只有进行课前预习才能在课堂上听懂教师所讲内容,顺利完成教学任务。教师在上课前可以将教学目标提前公布给学生,以便学生进行有针对性的预习。

例如,这节课的教学主题是中西方建筑,那么教师可以按照以下几点制订教学目标:

①通过略读和寻读,了解中西方建筑的差异。

②体会中西方建筑蕴含的文化价值,并能用一些词汇和句型介绍中西方建筑差异。

③深入思考中西方建筑文化差异的根源,形成文化自信。

学生完成了课前预习之后,教师可以在上课之前检查他们课前预习的情况。以中西方建筑为例,教师可以让学生以小论文的形式介绍中西方建筑差异。

(二)多多益善原则

俗话说"读万卷书,行万里路",在阅读教学中,多阅读是学生提高阅读能力的重要前提。语言学习是一个漫长的积累过程,需要足够的积累才能达到质变,实现语言应用的自动化。这就要求英语阅读教学必须坚持多多益善原则,鼓励学生接触大量的语言材料,锻炼、总结、积累足够的阅读技巧和经验,如此才能达到一定的语言理解和运用水平,由此可见,学生要想熟练掌握阅读技能,提升阅读理解水平,大量的练习和积累是必不可少的。

(三)立足语篇原则

在英语阅读理解中,有的学生知道某个词的意思,但是仍然无法将上下文联系起来理解,形成一个连贯的语义。有的学生会用汉语思维,带着阅读中文的习惯去阅读英语,这也会给英语阅读带来一些障碍。为了解决这些问题,教师就要从语篇整体的角度进行教学,培养学生的全局意识,提高学生的综合阅读能力。这就要求教师做到三点:第一,向学生详细介绍英汉语言的逻辑连接差异;第二,向学生讲解英汉语言的表达方式;第三,向学生明确英汉语言的修辞。

三、应用语言学指导下的英语阅读教学方法

(一)探究教学法

探究学习作为一种新颖的学习方法,是指学生在教师指导下,从问题或任务出发,通过自主探究活动,以获得知识技能、发展能力、培养情感体验为目的的学习方式。探究的主体是学生,因为学生是英语教学的主体,同时不忽视教师的作用,因此探究学习倡导"教师主

导、学生主体”这一基本理念。此外，探究学习以问题为导向，倡导学生通过自主探究来发现问题、解决问题。目前，很多教师已将探究教学法应用于英语阅读教学，具体包括引入、探究、解释、阐述及评价五个环节。

在引入环节，教师需要做好引导工作，将学生引入探究学习的氛围当中。探究是探究教学法的核心，在探究环节，教师可根据一定标准对学生进行分组，并布置一定的任务，让学生通过共同探究完成。需要注意的是，在学生探究的同时，教师需要充当协助者和协调者的角色，在学生遇到困难又无法解决时，提供一定的指导与帮助。解释环节主要由教师完成，包括对文章主题和具体内容的解释。阐述环节的工作需要教师和学生协商而定，如可以对探究学习的目的进行阐述。评价环节主要涉及对整个学习过程的回顾、评价与反思，以便从中发现问题，真正在学习中有所收获。

(二)文化讨论法

文化讨论法也是英语阅读教学的重要方法。具体来说，在英语阅读教学中，教师可以适时导入文化知识，将英语文化分为若干细小的主题，定期组织全班学生针对特定的主题进行讨论，当然教师也要给予适当的指导。经过讨论和头脑风暴，学生不断积累文化背景知识，并且可以有效解决某些跨文化交际问题。不同的文化主题，学生把握和讨论的难度不同。教师首先要确定一个合适的、可以引起学生兴趣的主题，另外还要在整个讨论过程中处于支配和控制地位。随着讨论主题数量的增多，学生掌握的文化背景知识也相应地增多。所以，教师应该循序渐进地增加文化主题的难度。

第四节　应用语言学指导下的英语写作教学

一、英语写作教学的内容

(一)结构

1.谋篇布局

在正式写作之前最重要的工作就是进行谋篇布局，因此这一环节是非常重要的。结构是写作的基础，只有了解了同类体裁和题材文章的谋篇布局，才能根据写作目的选择适当的扩展模式。不同题材、体裁的文章，往往有着不同的布局方式。例如，在议论性文章中，主题句主要用于陈述读者认为正确的观点，扩展句是以说明的顺序扩展细节阐述原因，而结论句则重点用来总结或重述论点。而在说明性文章中，主题句主要用来介绍主题，扩展句主要以时间、重要性等顺序扩展细节、说明主题，而结论句则是重述主题、描述细节。总之，在写作教学中，教师要注意向学生讲解作文中的谋篇布局，让他们在写作中能做到心中有数。

2.完整统一

在确保文章谋篇布局合理的基础上，需要考虑文章的完整统一性。一篇文章的完整统一非常重要，只有完整统一的结构才有可能成为一篇优秀的文章。具体来说，指文章中所有的细节都要围绕主题开展，都要服务于主题，无论是事实、例子还是原因等，这些细节都要与主题相关。

3. 和谐连贯

段落中句子的顺序和思路的安排都要具有逻辑性，句子与句子之间要有机地联系在一起，内容需要一环紧扣一环，流畅地展开，使段落成为一个和谐连贯的整体。运用正确且连贯的词或词组，可以把句子与句子有机地联系起来，使行文更加流畅，并能引导读者跟着作者的思路去思考问题。对于过渡语的使用一般可以进行“短文填空”的专项训练。需要指出的是，虽然过渡词语不可不用，但也不可滥用，需要在确保结构流畅、简洁的前提下灵活使用。

(二)选词

在不同的文化背景下，词汇有着不同的语义。如果缺乏对词汇含义的准确了解，学生就很难在写作过程中依据表达需要来选择适当的词汇。在进行词汇选择时一般要考虑语域的影响，如非正式词与正式词、概括词与具体词等。选择词汇时还应注意感情色彩的因素，如褒义词与贬义词的选择。这些都是英语写作教学的重要内容。

(三)句式

英语句法结构丰富而多变，对句式的掌握与运用是进行英语写作的利器，这就使句式成了英语写作教学的重要内容。为了提升学生习作的可读性，教师可以通过句式练习来帮助学生掌握句式的运用。

(四)拼写与符号

如果缺少规范的拼写与符号，句子的含义就难以表达，文章的内在逻辑关系也难以体现出来，这就在无形之中提高了读者的阅读难度，也不利于读者对文章形成良好印象。由此可见，拼写与符号是英语写作教学中不可或缺的重要内容。

二、英语写作教学的原则

(一)循序渐进原则

任何一件事情的顺利完成都是需要花费时间的，英语写作教学也不例外。对于写作技能的掌握来说，个体需要经历一个由低到高、由简单到复杂、由浅入深、由旧质到新质的一个变化过程，这一过程也存在反复现象，需要个体不断巩固来加以完善。简言之，学生英语写作水平的提高是一个长期的、持续的、不断练习的过程，并不能很快就可以实现。为此，教师在开展英语写作教学的过程中，就需要遵循循序渐进的原则，遵循学生的学习规律，顺利实现教学目标。

(二)学生主体原则

英语写作教学中要坚持学生主体原则。在教学中，教师应该尊重学生，让学生体验到充分的自主性，以学生为中心展开教学。唯有如此，学生的学习兴趣才能真正被激发，学生的主体性地位才能逐步得到提高，学生也才能真正成为学习的主人。遵循主体性原则，最常见的方式就是通过分组，让学生以小组为单位展开讨论与学习，这是一种提高学生主动性的有效方式。学生在小组进行学习时，教师可以从旁辅助，采用提问式、卷入式等方法，让小组每一位学生都可以积极参与活动。另外，当学生集体回答某一问题时，教师还可以让学生提前互相帮助，共同找到问题的答案。

(三)真实原则

我国英语写作教学的目的不是让学生为了写作而写作，而是让学生能够运用写作进行自如的交际。因此，英语写作教学应当坚持真实原则，努力联系学生的实际生活，让学生在写作过程中有话想说。如果写作缺乏真实性，那么学生就感受不到写作的意义，也就无法对写作有兴趣。对此，教师可让学生用英文写求职信、个人简历等，从而激发学生写作的积极性，提高学生的学习效率。

三、应用语言学指导下的英语写作教学方法

(一)对比教学法

通过对语言直接的差异进行各种对比，帮助学生树立英语写作思维，是写作教学的基本方法。

例如，在写作教学中，教师可以利用给学生批阅习作的机会灵活插入对比教学法，适时向学生传授英语语言之间的差异。具体来说，教师可以适时指出学生习作中不符合英语表达习惯的语句，如果有条件，教师可直接注明地道的英语表达方式，让学生对英汉表达方式进行对比，清楚地明白其中的差别，从而在以后的写作中多加注意。

(二)综合教学法

英语的几项基本技能之间并不是孤立存在的，而是互相联系、互相影响的。在英语写作教学中，教师可以将几种技能教学有机结合起来，这样不仅可以促进学生写作能力的提升，也可以使其他技能得到发展，使学生取得整体进步。

1. 读写结合

读与写之间是相互促进、相辅相成的，读是写作素材来源的重要途径，写能进一步加深和巩固阅读能力。在阅读过程中，很多学生都是理解了文章的内容即可，很少从中吸取有利于写作的素材。对此，教师应引导学生在阅读中体会作者遣词造句的技巧，并培养学生记笔记的良好习惯，从而使学生积累大量有利于写作的语言知识。这样，学生的阅读不仅更加深刻，写作能力也会随之提高。

2. 听写结合

在写作教学中，教师可以将写作与听力结合起来进行教学。例如，可以通过边听边写的教学方式帮助学生提高写作能力。教师可以让学生听录音或直接向学生进行朗读，同时让学生随时记录下来听到的内容。这里的内容既可以是英语教材上的文章，也可以是课外读物上优美的文章，还可以是一些精彩的小故事。

再如，在边听边写的基础上，教师可以进一步加深教学，让学生完成听后复述任务。具

体来说，教师可以自己朗读，也可以播放录音给学生听，让学生集中精力听三遍。听完后，学生可以笔述，也可以直接进行复述。需要注意的是，在这里教师不必对学生要求太高，即不用让学生一字不落地复述下来，而是总结出所听材料的大意即可。学生笔述或复述活动可以很好地帮助其提高语言组织和表达能力，从而为写作打下坚实的基础。

3. 说写结合

说和写是相互贯通的，因此教师可以通过说和写结合的方式进行写作教学。例如，教学中有很多关于对话的文章，教师可以让学生将一些对话改为短文。学生在改写过程中，要格外注意时态、语态以及人称的变化，并尽量使用对话中的新词汇和新句型。

教师也可以组织课堂讨论。具体来说，在课堂上，教师可将作文题目写在黑板上，让学生分组讨论，总结讨论结果，并一起完成写作任务。写作结束后，小组派出一位代表展示本组作文，供教师和其他同学评阅。

4. 写译结合

学生在翻译训练中，不仅能够提升语言意识，其写作能力也会得到相应的提高。因此，教师应将翻译与写作训练有机结合起来，对学生进行表达习惯、句法规则以及篇章结构等方面的指导，让学生了解英汉两种语言的异同，增强思维能力的转换。

（三）利用语块进行教学

利用语块进行教学也是教师在写作教学中可以采取的有效方法。相关研究表明，英语中存在词汇程式现象，也就是成串的语言结构，这些词汇组合就被称为语块。在写作教学中，教师可以借助这一方法向学生介绍有关语块的基本知识，如概念、分类等，让学生明白语块对语言能力提高的重要意义。学生明白了语块的重要性，就会在学习中不断积累语块并有意识地加以运用，从而写出优美、地道的文章。具体来说，英语教师可以通过以下两个方面展开语块教学法。

1. 建构相关的话语范围知识

所谓相关的话语范围知识，主要包含与主题相关的各种社会知识与文化知识。在传统的写作教学中，这一环节未引起师生的足够重视，实际上这是写作教学的第一步。在这一阶段，教师需要在以下几个方面做出努力：

①向学生传授与话语范围相关的知识，并帮助学生掌握。具体来说，教师可以通过与学生交流，也可以让学生对其他学生的相关经历有所了解。

②对与话语范围相关的双语语言进行比较，尤其是不同语言的异同点，从而了解这些语言背后的文化背景，以及文化背景对话语范围所产生的影响。

③对与话语范围相关的词汇及表达形式进行列举、选择与整理。

2. 建立相关语类的语篇模式

建立语类语篇模式的主要目的包括以下几个方面：

①让学生对语类及相关主题的语篇能够清楚地了解和把握。

②让学生对语类结构与结构潜势有深刻的了解。

③让学生对语篇语境有清楚的把握。

④让学生对交际目的、交际功能有清楚的了解。

第五节　应用语言学指导下的英语翻译教学

一、英语翻译教学的内容

(一)翻译基础理论

翻译基础理论知识的内容非常多,如对翻译活动本身的认识、翻译的含义、翻译的标准、翻译的分类、翻译的过程、翻译对译者的要求、工具书的运用等,这些都属于翻译理论知识范畴。

学习翻译基础理论知识有很多益处,它可以帮助学生从宏观上来确定组织译文的思路。只有确保正确的译文思路,即使有一些细微错误,也有利于学生修改译文。

(二)英汉翻译技巧

翻译技巧是为了保持译文的顺畅,在遵循原文内容的前提下,对原文的表现手法或方式加以改写的方法。翻译技巧有直译、意译、音译、增译、省译、正译、反译、套译等。在翻译学习的过程中,学生应掌握这些翻译技巧,以提高翻译的质量。

(三)英汉语言对比

英语翻译教学内容还包括英汉语言对比,主要涉及两个方面的内容:

第一,进行语言层面的对比,具体如词法、语义、句法、篇章等的对比,使学生掌握英汉语言的异同。

第二,进行思维、文化层面的对比。英汉语言通过不同层面的对比,帮助学生在翻译时恰当并准确地传递原文的信息。

二、英语翻译教学的原则

(一)循序渐进原则

翻译活动应当遵循由浅入深、循序渐进的规律,所选的语篇练习也应该是先易后难。从篇章的内容来看,应该是从学生最熟悉的开始;从题材来看,应该从学生最了解的入手;从原文语言本身来看,应该是从浅显一点的渐渐到难一些的。这样由浅入深,学生学习起来自然会有信心,并逐渐培养起对翻译的兴趣与热爱。

(二)培养翻译能力与翻译批评能力相结合原则

翻译教学要提高学生的翻译能力,这是翻译教学的基本宗旨。而在培养学生翻译能力的同时,要注意提高学生的翻译批评能力。培养翻译批评能力有助于学生对自己的翻译成果做到心中有数,同时能从别人的成果中汲取优点,促进自身进步。因为当学生能够对别人的译作进行翻译批评,也就能对自己译作的优劣做到心知肚明了。所谓批评能力,是指要对别人的译作进行客观的评价，既要点评优点，也要批评缺点，还可以对错误的地方进行修正。总之，培养学生的翻译批评能力有利于学生学习他人的长处，并反思自己的错误，避免以后再犯。

（三）题材丰富原则

当今社会迫切需要实用型、综合型的翻译人才。因此，翻译练习的材料应该做到多样化和系统化，这样才能更好地满足社会对翻译人才的需求。教师在教学过程中要遵循题材丰富原则，让学生接触不同的文体，进行有针对性的训练。具体来说，翻译的文体应该涵盖各种实用文体，如广告、新闻、法律、影视、科技、文学等。此外，教师需要注意，每一种文体的练习都不是孤立进行的，教师可以将学生翻译中的常见问题进行归纳与总结，如果某类翻译问题在某种文体练习中出现的比较多，那么教师要及时进行解决，帮助学生更顺利地进行翻译训练。

（四）学以致用原则

学以致用原则可以理解为实践原则。具体来说，实践是翻译活动的重要特征，因此教师也应遵循这一原则，尽可能地为学生创造机会，如安排学生到翻译公司参与实际的翻译工作。翻译的好坏最终取决于译文读者的反馈，译作能否被接受要看是否符合客户的需求。这就决定了翻译教学不是封闭的，而是一门实践性很强的课程。因此，学生在正式从事翻译工作之前，能有机会进行一定的社会实践锻炼是非常有必要的，这对他们毕业以后能更快融入新的工作环境也大有裨益。

三、应用语言学指导下的英语翻译教学方法

（一）翻译策略法

这里的翻译策略主要是从文化角度来分析的，因为翻译与文化密不可分，译者在翻译过程中需要掌握一定的文化翻译策略，如此才能灵活处理文化问题，避免产生误译甚至错译等，造成不良后果。具体来说，主要有以下几种策略，教师在翻译教学过程中要多引导学生进行练习。

1. 归化

所谓归化策略是指将源语表达形式进行省略，替换成译入语的地道表达形式。

2. 异化

异化策略是指译者保留源语的文化以及尽量向作者的表达方式靠拢的翻译策略。

在英语中，“bingo”是西方国家为认识的人而设计的一种配对游戏的目的，从而更快地认识来参加聚会的人。翻译时，对其可以进行异化处理，运用音意结合翻译为“宾格”游戏。

3. 归化与异化相结合策略

归化与异化作为两种基本的文化翻译策略，美国翻译理论家劳伦斯·瓦努蒂在《译者的隐形》中提出来的。由于归化与异化是相对而言的，且二者各有优点，因此长久以来翻译研究者们对归化与异化孰优孰劣的问题一直争论不休。

事实上,二者是对立统一的关系,都存在着各自的适用范畴。尤其是在翻译实践中,译者会发现在一些语境中,仅仅采用归化或采用异化都是不可行的,都无法将源语的真实内容与语义传达出来,这时最好的办法就是将二者相结合,即采用归异互补策略。总之,要想成为一名好的译者,首先就需要能够在运用归化策略与异化策略时,找到二者之间的折中点,然后根据这一折中点,对原作进行仔细品读,进而采用合适的策略来进行翻译。当然,译者需要将原文的底蕴弄清楚,然后从翻译目的、作者意图等层面考虑,谨慎地对翻译策略做出选择,这样才能把握好翻译的分寸。

4. 文化调停策略

文化调停策略是指将一部分文化因素省略不翻译,甚至将全部文化因素省略不译,直接翻译其中的深层含义。

在中国婚俗中,"拜天地"是一种特有的现象,且"天""地"这两个字有着丰厚的文化内涵。在中国人眼中,"拜天地"就是所谓的婚礼。但是,如果用异化策略进行翻译,目的语读者显然是很难理解其真正含义的,因此将"拜不成天地"译成"refuse to bow to heaven and earth"显然不合理,而采用文化调停策略进行翻译,如译文所示,就将原作的意象进行省略,而直接翻译出原作的深层含义,这样目的语读者就能真正地理解原作的内涵,也能够获得与原作读者相同的感受。

5. 文化对应策略

文化对应策略是指采用目的语文化中知名的事件、人物等,对源语文化中的内容进行解析与诠释。例如,在中国,梁山伯与祝英台的故事家喻户晓,但对西方人来说,根本不知道这二人到底是谁,也就无法对他们的故事产生共鸣。在翻译中,如果将其译为"罗密欧与朱丽叶",那么西方人就很容易明白是什么意思了。

(二)图式法

所谓图式就是一些知识的片段,它以相对独立的形式保存在人的大脑记忆中,对言语的理解其实就是激活大脑中相应的知识片段的过程。根据图式理论,人从出生开始就在与外部世界接触的过程中逐步认识周围的事物、情景和人,同时在头脑中形成不同的模式。围绕不同的事物和情景,这些认知模式就逐渐形成了有序的知识系统。作为人的头脑中关于外部世界知识的组织形式,图式是人们赖以认识和理解周围事物的基础。因此,将图式引入翻译教学中具有十分重要的意义,因为它可以成功地激发学生头脑中与文本相关的图式,使学生对原文有一个正确的理解。

在具体翻译的过程中,教师可以为学生提供一些语言材料,这些材料需要激活图式才能正确理解,然后要求学生根据这些材料进行翻译。同时,教师要帮助学生记忆语言的形式和功能,调动相关的图式,以帮助他们修正和充实对事物的认知图式。

第八章 全球化通用语境下的语言认同与外语教育规划

第一节 ELF视野下英语语言认同理论基础

经济全球化进程中，英语在全球广泛使用，大多数英语的使用者为双语者或是多语者，这些人的母语可能不是英语，但是他们学过英语，并且使用英语与其他的双语者或是多语者交流。从历史层面来看，传统的英语变体主要为英式英语、美式英语和澳大利亚英语等，它们的使用者被认为是母语者或本族语者。而地域性的变体主要是指受非英语国家和地区的本土语言和文化影响、发展而来的英语变体。两者之间的区分主要是：前者已经存在相当长一段时间，并且影响着后来的其他英语变体。但是最近十年研究发现表明，在世界各地，尤其是欧洲和东南亚，正不断发展出区别于英美的英语语言规则，他们的使用者的互动和交际也是自成一体的。

一、英语作为世界通用语(ELF)

英语作为世界通用语(ELF)"English as a Lingua Franca"中的lingua franca是通用语的意思。在1953年，世界教科文组织对通用语的定义为："由不同母语的人出于彼此间交流的需要、习惯性使用的语言"。通用语一词早在15世纪就用来描述在地中海地区东南沿海一带人们在进行贸易时所使用的一种由意大利语、西班牙语、法语、葡萄牙语、阿拉伯语、土耳其语、希腊语、波斯语混合而成的语言。

ELF是随着英语在全球化进程中角色的变化和扩大，语言接触的增加，合理、自然发展而来的。在ELF这一理论框架内，对英语母语者和非母语者的关系和定义，学者们观点并不一致。如果从上述的通用语的历史定义来看，应该不包括英语作为母语。ELF仅仅指外圈或扩展圈国家的英语使用，而有些则强调内圈国家的英语规范为唯一标准。ELF并非指一种特定的变体，因为不存在一种具有清晰的系统性的语言特征这样的变体，可以与其他变体相区分。ELF是指英语作为世界通用语的交流中发展出来的、世界范围内的一种功能性的现象，中间应该包括若干种变体，这些变体彼此平等。

ELF这一理论框架首先与"英语母语标准"的观念相区分。英语作为通用语言既包括母语者和非母语者的互动，非母语者之间的交流，同样也不应该排除母语者的英语使用。英语作为通用语与英语作为第二语言不同的是，它不是描述在某几个地区或国家内部或他们之间的英语使用。它与英语作为外语也不同，它描述的不是母语者和非母语者之间的语言交流。ELF涵盖了内圈、外圈和扩展圈之间用英语复杂的互动的情况。

此外，对于英语在全球使用情况的描述，英语作为通用语(ELF)这个术语具有一些其他术语，如英语作为全球性语言、国际语言。首先，ELF强调了不同母语背景的人使用英语交流时，英语所起的作用。其次，ELF更强调了言语社区的概念及其互动，而非各社区的疏离，强调了人们的同而非异。它暗示了混合语是可接受的，因此当英语掺杂了使用者母语的某些特征时，也是无可厚非的。最后，ELF这个拉丁语名称使得英语的所属权不再只是安格鲁撒克逊人的，而是属于每个人的。而这个理论框架最大的特点是，ELF最大程度地强调了在全球化背景下，正是这些非母语使用者，为英语的发展提供了最大的动力。

全球统一英语范式则认为非母语者也要接受母语者的英语规范，倾向削减性学习，认为非母语者的口音是倒退和被削减的，更愿意接受母语者作为英语教师，尽管他们可能仅仅是单语者。这一范式基于理想化的母语范式，宣扬单一的、统一的语言模型，而没有给非母语者在国际交流中太多的变异和革新的空间。

关于ELF，存在不少误解，许多人认为ELF是指标准英语的一种简化或是外延形式，或是以某个单一的、所有使用者必须遵守的通用语为中心的。他们认为这一术语是以解决二语学习者学习困难的名义，引进英语的新的标准化。

此外还有一些学者认为ELF过度保护非母语者，因为他们不再被要求遵守母语者的规范，也不需要去努力获得母语者的熟练程度。但事实上，ELF观点的本质是，语言的使用者应该有知情权，英语作为通用语是他们自己的选择，这一观点实际上扩大了学习者的选择范围。

综上所述，关于英语在全球的使用，社会语言学家们观点差异的本质是有关英语的所有权问题。传统的看法认为，语言使用的权威在于享有特权的英语母语者社区，而非母语者的则从属于母语者社区，这是一种单一的线性关系，在这种关系中，母语者可以影响非母语者，反之却不然。然而，在过去的半个多世纪中，社会语言学研究清楚地表明，语言的使用会深刻地影响语言的发展。

二、英语作为世界通用语背景下的语言态度

相比较而言，关于非母语者对英语变体态度的调查远远少于在母语者中进行的研究，因为长期以来以英美变体为尊的意识似乎默认了只有母语者才有能力和资格来评估其他英语变体。但是，随着英语在全世界的广泛传播，语言态度的研究重心，也逐渐从关注母语者的语言态度转到了以英语为二语或外语的人群的身上。

即便是程度较低的非母语者也能显著地区分不同的英语变体。因而非母语者实际上能够理解的英语变体要比能够输出的多，而更重要的是，他们有能力对不同的英语变体口音持有自己的语言态度。多年来的语言态度调查显示，非母语者可以对不同的语音样本做出判断，对代表不同社会团体的说话者做出的判断和评估模式是非常一致的，即便是不同文化背景下。语言学习不仅是一个先天的过程，也是一种社会心理现象，因此有必要调查外语学习发生时的社会环境。语言体系可以分为潜意识的和无意识的语言学习，而语言态度和动机则属于潜意识的习得。

从社会语言学角度调查二语/外语学习者,不仅要了解学习者掌握了哪些语言知识,更重要的是了解学习者如何对这些知识分类,并用来反映和改善其言语社区的喜好和优先考虑的事情的。教育者和政策制定者也必须认识到学生对于不同英语变体的语言态度,从而可以更好地响应他们的学习需求,处理英语作为国际性语言使用时人们的复杂情感。选择合格的英语教学和学习模式深受学生对英语的态度的影响,因此发现学生对不同英语变体的态度是非常重要的。

三、英语变体可懂度与语言态度

不少学者认为有必要调查英语变体的可懂度和人们语言态度之间的关系。研究者在解释人们的语言态度时,主要有两类观点,认为人们的语言态度或者是受目标语言特征的内在价值,或者是目标语的文化和社会规范影响的。前者认为有些语言或语言变体更为正确、更有逻辑或者在审美上更令人愉悦,因而人们对它们评价更高。这一观点可以理解为,如果某些英语变体更为正确、系统,因为可懂度更高,人们对之态度也更为积极。但是研究结果发现如果听者之前没有接触过这些语言或语言变体,是无法有效区分这些语言或变体的,他们的态度之间也没有系统的差异。

无论是从语言变体本身的语言特征,还是从社会文化规范来解读人们的语言态度,都可以看到可懂度和语言态度之间千丝万缕的关系。基于目标语可懂度和语言态度相关性,研究者提出一个可懂度假设,认为一个语言变体的可懂度和听者的态度显著相关,而关于可懂度的研究也发现听者的语言态度会影响听者理解这个变体时所作的努力。例如,在母语者和非母语者的交际中,如果听者期望能听懂说话者,那么听懂度就越高。

但是大多数这类研究中,听者或说话者,其中必有一方是母语者,鲜有涉及双方都是非母语者用英语交流时的可懂度和语言态度的关系。原因是非母语者被认为是缺乏权威对其他人的英语做出判断的。例如,在扩展圈国家新加坡,新加坡政府、语言纯粹主义者和教育者都非常担忧新加坡英语的可懂度,其语言意识是向英国和美国英语倾斜的,其隐含的态度是新加坡英语是劣等的变体,使用者应该向标准范式靠拢。

综上所述,对英语变体可懂度和语言态度的调查,映射了"纯正原则"和"可懂度原则"的博弈。"纯正原则"是20世纪60年代之前的主流观点,认为外语学习者可以习得和母语者一样纯正的语音的。而"可懂度原则"则强调对交流中理解程度的全方位评估。可以发现很多研究都有意识或潜意识地遵从了"标准英语意识"。"标准英语意识"是指对于特定的抽象的、理想化的、同质性的口语的偏爱,这种口语由中上层阶级的口语发展而来的,并具有可参照的书面语模型。

四、语言认同和英语社区

(一)语言和认同

认同是指个人与他人、群体在情感上、心理上趋同的过程或结果,又指个体和群体对自我身份的认识。一个人的认同总是多方面的,每个人既有个体认同,又根据家庭关系、性别、年龄、职业、地域、社会阶层、教育背景、文化背景等分属于不同的社会团体，具有一系列的群体认同。

衣着、举止、言语等都能揭示个人的认同，而其中言语最少，也最难受人操控，因此最能揭示我们的认同。个人所属的社会团体中，最大的就是言语社区，个人的语言选择，使得个人通过语言的使用归属于某个团体或社区，排斥外部人士。语言使用是一种自我表现形式，和个人的社会认同和价值观紧密联系。构建我们认同、影响他人对我们看法的最基本的方法就是语言的使用。个人通过策略性地使用语言这一有力的认同的工具，来验证和保持社区的界限。说话者能够从一系列的语言选择中做出自己的决定，因为他们知道听者会解读自己的语言选择，作为认同的标记。值得注意的是，在这一阶段所发生的往往不是有意识地进行的。由此可见，语言在认同中存在着两层含义：一方面，语言的使用被认为是一种外在行为，人们根据语言使用的特征来识别群体成员；另一方面语言是自我认同的工具，是个人表现自己所属社区的手段。他人通过感知、理解我们的语言来了解我们的认同，因此可以对语言进行刻意的处理和改变，从而改变所展示出的认同。认同是语言使用中的核心问题，它关系到在每个人在使用语言时，语言是如何被习得、存在、发展和使用的。当今语言认同日趋复杂，主要原因之一是全球化及其进程中个人认同的选择增加了。

作为社会语言学和应用语言学的重要研究课题，语言与认同并非经常以明确的概念形式出现的。从“客观”的结构观到“主观”的建构观，关于语言与认同的关系的理论一直在不断地发展和转变中。在英语作为世界通用语的背景下，这种认同理论无视了一个现实，即这种全世界最广泛使用的语言被用于表达新的社会认同。这种基于结构主义的认同观突出了认同形成的社会条件和限制，强调了社会结构对主体认同的制约性，但忽视了个体在构建认同时的主体作用，以及语言与认同之间关系的多元性和复杂性。

后结构主义视角下进行的语言认同研究继承和发展了之前的互动语言学观点，把先前忽视的一些概念引进到认同的探讨中，其中最重要的就是权力关系对语言认同协商的影响。根据后结构主义流派，语言是各种社会理念、规则与资源不断互相竞争和协商的产物。认同是挣扎的过程，其中人们的主体地位不同，可能彼此冲突，在各种社会互动中产生了个人的主观性，并通过各种权力关系建构主体的认同。语言是和权力相关的象征性资源，权力关系的改变会带来游戏规则的重新协商，而新的认同选择会出现，并被赋予新的价值观。因此认同是多样的、矛盾的、动态的。它不是赋予的，而是能动地构建出来的，不管是通过刻意的、有策略地操作，还是下意识地实践，都意味着说话者在其中是主观能动者，而语言则是一种社会行为。此外，随着时间的推移，认同也会发生变化，和认同相关的一些特征，如态度、动机都会随着时间和空间的变化而变化。许多社会因素都能反映和表达认同，口音是其中重要的因素和工具，表达了大量的社会信息。口音是人们社会身份的重要部分，可能会招致偏见、成见。一方面，说话者可能或发现口音是取得个人和社会成功的一种障碍；而在另一方面，有口音的说话者也可能非常认同自己的新身份，认为口音有助于发展良性的社区内的认同。每个人讲话都或多或少地带有口音，不管自己是否意识到或者承认。在语言意识的框架内，说话者对语言的评论以及其他的一些社会现象通常被作为一种解释和理解语言变异的有效手段，使得我们可以获得对语言变异社会心理动机的了解。她还提到，对口音和语言变体使用人群的调查，可以了解使用者对自己所属社区的感知，以及他们的参照对象，从而洞悉说话者在语言和社区方面的认同。

（二）全球化语境下英语学习者的认同

后结构主义的认同观认为，认同既不是社会结构的附属品，也不是个人内在的产物，而是在社会文化历史条件下和在互动情境中，与语言互为建构的，其建构是一个多元和动态的过程。语言本身也不仅仅是一个封闭的符号系统，更是一种复杂的社会实践，人们在语言实践中定义、协商和抵制彼此的关系。因此语言学习活动不再是由社会结构决定的行为复制，也不仅仅体现了个体特质的差异，而是复杂的、动态的、建构的社会现象。学习者在学习一门新的语言时应该被允许发展他们的自我。在语言学习中，认同的一个重要方面就是学习者对于未来可能性的理解。

英语作为世界通用语，使得使用英语的方式更为多样化，与之相对的是母语国家（地区）的规范继续在更大范围内的传播。在过去的几十年，隐秘的、微妙的意识形态上的暗流渗透了英语学习和使用的各个方面，限制了学习者和教师的认同选择。在实际的英语使用中，学习者和教师自觉地遵从高人一等的英语母语者的语言规范和语言能力。即便是在母语者缺失的英语交流中，这种标准语言意识也具有强大的影响力。传统的语音学家、语法学家、主流的二语习得研究者、语料库语言学家等仍旧赋予了母语者的英语正确性、威望和地道。而非母语者的英语却依旧被贬为“中介语”“蹩脚的英语”和“中等程度的英语”等。

（三）从语言认同到 ELF 社区

认同作为社区的要素之一，不能和社区剥离开讨论的。在全球使用英语进行广泛交流，使得学者开始讨论 ELF 全球言语社区存在的可能性。通过回顾定义言语社区的要素以及有关英语言语社区的讨论，可以对其互动中可懂度、语言态度和认同及其之间的关系有更好的了解，同时进一步探讨 ELF 全球言语社区存在的物质和心理基础。

有关语言和社区的理论，主要有言语社区和想象的社区两种。早期的言语社区理论往往落入循环论证的窠臼，在定义社区的时候用语言，在定义语言的时候用言语社区。借鉴语言社会学的研究成果，在定义言语社区时，社区是第一位的，语言是第二位的，语言产生于社区之中，“言语社区是语言方面具有社区特性的一个组织单位”。不能以语定区，是因为通常语义上的“讲同一种语言”是一个难以测定的概念。在一些历史较短的社区中，虽然新的变体可能已经形成，但是由于历史、政治、文化等方面的原因，可能还是得不到承认。因此，基于社会学对于社区的定义，界定言语社区的五要素：地域、人口、互动、认同、设施。这些要素在语言上都有相应的表现，使得言语社区区别于社会学语义上的社区。首先言语社区需要在一定区域内保持言语互动的人口，其次认同和归属感是言语社区的心理基础，而语言作为一个符号系统，共同遵守的语言使用方面的规范以及因此产生的相似的语言生活，都可以视为言语社区的公共设施。言语社区理论强调了其存在的客观条件，成员的认同是以互动为物质基础，语言和语言使用的规范则作为社区的设施，是互动和认同的工具。

言语社区强调先有社区后有语言，客观物质基础决定主观的感知和认同。虽然在我们的日常生活中,我们常常接触的许多社区是具体并直接存在的,例如,我们居住的社区、工作场所,但是技术和人口迁移使得人们的互动不仅仅局限于可见的社区中。和言语社区理论不同的是,想象的共同体强调主观想象对客观条件的能动。学习的本质就是认同建构发展的过程,学习的过程是从"合法的边缘性参与"向"充分参与"过渡,同时学习者在此过程中与其他成员共享和协商对实践共同体的理解,不断建构实践共同体的语义,发展出多元化的实践共同体的成员认同。由于人们在现实生活中参与不同的实践,人们的认同可以从一个换成另一个,这说明人们可以根据环境来做出适合环境的选择。认同的协商受一系列因素的影响:人们可选择的认同及其重要性,人们所处的环境,以及其他人在此环境下的行为和影响。这个理论承认了成员关系与认同的多样性和流动性,是和后结构主义关于认同的框架相一致的。

在二语习得研究中,对许多语言学习者来说,他们对未来的可能性有各种期望,他们作为语言学习者"社区"是想象的,是存在于期望中的共同体。从本质上来,想象的认同是这个想象共同体的前设,强调了与现实中不存在的共同体相联系的自我认同。想象的社区包括了存在于学习者想象中的与未来的联系,超越了学习者身处的具体环境。"想象的社区"和真实的社区一样真实,甚至对学习者目前的行为和对未来的投资影响更大。想象的社区并不意味着对现实的幻想或退缩,而是描述了主体对未来的积极期待和努力。和儿童早期心理发展中想象的作用一样,想象的本质是基于一定规则的。想象的社区使得学习者具有融合的动机,并进行投资,获得社区的认同和归属感。

要了解非母语在英语学习中的认同,就必须明确学习者想要融入哪种社区。在过去,受地理、经济等条件的影响,由于非英语国家之间的英语使用者较少用英语进行互动。英语在全球的传播,多元文化的存在,日益增加非母语者之间的互动越来越多地诉诸英语,导致在外圈和扩展圈产生了具有当地语言特征的英语变体,他们对目标语英语母语社区的认同也随之产生了变化。许多学者开始质疑英语非母语者的"融合性动机",因为这一观点的前提是存在一个学习者期望融入的、定义清楚的目标语社区。每个非母语的英语学习者都附属于双社区,一个是当地的言语社区,一个是全球英语社区。因此有些学者提出 ELF 言语社区存在的可能性,当英语作为世界通用语时,学习者想要融入的社区可能就是 ELF 社区。

如果要把 ELF 社区定义为一个言语社区,那么首先要承认英语作为世界通用语是一种合法的语言变体,并且具有所有的 ELF 使用者遵循的一套语言规范。但是,实际的互动和协商带有本土化的特征,ELF 并不具有所有社区成员都共有的具体的语言特征,因此并不是英语的一种变体,因此 ELF 社区并不是一个严格意义上的言语社区。同样,非母语者的互动在不断地变化和变异,不同非母语者在使用英语时又在不断协商他们的英语使用,因此 ELF 不是一种英语变体,只能描述全球化进程中英语使用的各种情况。非母语者的互动涉及了来自不同文化和语言背景、不同语言能力、各种语境的互动,其群体是流动而非固定的,因此不具备言语社区的基本特征。

ELF 社区不宜用言语社区来描述,因为言语社区的成员应该有相对稳定或同质的社会和行为特征,而 ELF 的互动中,个人出入的语境变化太多,缺乏这一言语社区的必要特征。

用“想象的社区”是描述ELF社区的最适合的，个人可以通过想象来认同自己的社区。即便没有共同参与的活动，这个想象的社区提供了成员认同的可能性，想象可以参与他们的认同构建。学习者除了在语言学习课堂上的互动活动，同时也在参与想象的社区实践。而学习者的动机是减少实际的自我和应该的自我之间的差异，建构理想的二语自我。

综上所述，关于ELF使用者群体是否构成一个言语社区，还是一个想象的社区，学界观点不一，调查结果也大相径庭。目前大多数的研究都是基于英语为二语的社会环境下进行的，而缺少对于英语作为外语语境下了研究，更鲜有关于非母语者之间互动的研究。学者在有关ELF社区是不是一个言语社区的争论并没有遵循社区定义的五要素。这里试图结合多种调查方式，研究具有代表性的英语变体在全球化进程中的可懂度、学习者对此的语言态度和语言认同，明确言语社区构成的要素，讨论ELF言语社区存在的可能性和形式。

第二节　ELF视野下中国的外语教育规划和教育政策

一、语言规划和语言教育规划

美国语言学家豪根将“语言规划”引入学术界，将其定义为“语言规划就是为在一个非同质的语言社区的写作者和讲话者提供一种规范的文字、语法和字典的活动”。语言规划，作为名词是指国家制定的语言文字方面的全面而长远的发展计划，而作为动词则属于社会行为范畴，是指国家制定语言文字方面的全面、长远的发展计划的行为。它是人类有意识地影响和干预、调整、管理语言发展的活动，是对语言多样性的一种人工调节，是一种立足现在、面向未来的活动。语言规划通常可以划分为三个应用领域：地位规划、本体规划和习得规划。早期的语言规划学者通常只研究语言地位与本体方面的问题，在近些年的语言规划讨论中，语言教育和习得也被包括语言规划中。由于语言在教育中具有核心的地位，在语言规划所涉及的所有领域中，学校是最重要的领域之一。因此，在地位规划、本体规划的基础上又增加了习得规划，制定有关语言教育的政策，培养年轻学生的语言能力，使得学校成为语言规划应用和研究的一个中心领域。习得规划主要涉及第一语言即母语、第二语言或外语的习得以及语言维持。语言习得规划属于教育范畴，是通过教育手段使被教育者获得特定语言能力的行为，是国家语言规划总目标在教育领域的具体体现和落实，我国学界习惯上称之为语言教育规划（或语言教育政策）。语言政策分为显性和隐性两种，显性语言政策是指国家正式颁布的法规，如在国家宪法中对国家官方语言的规定。而隐性的语言政策主要是指体现语言态度、立场和观点的语言意识形态。语言教育属于国家隐性语言政策的重要部分，体现了国家的语言战略。

当前的语言规划和政策的研究视角已经从原来的民族主义转移到全球化的视角，并且重点关注多语和多文化情境下的语言规划和政策。语言政策对语言教学，特别是外语教学的指导作用。多元文化对语言教育的影响深远，而认同是全球化背景下的语言教育中不可避免的问题。此外，在制定语言政策的动机中，认同处于首要位置，在语言层面，个体通过选择语言或语言变体的自我语言行为来实现认同的构建。因为认同反映出个体或群体与他者区别开来的特征与品质，由此产生的语言行为建立了地位感和差异感，因此大多数语言规划和语言政策的旨在为某一语言或语言变体获取社会优势地位，也是为使用该语言或语言变体的有机体获取优势地位。认同的建构和持续重构，即所谓的动态认同建构，及其后根据行动预期结果而产生的行动意愿，是语言政策动机的关键因素。

二、我国目前的外语教育规划

在我国，语言规划主要是指“政府、社会组织或学术部门等对语言生活所做的干预、管理及相关计划，其中包含语言政策的制定及其实施等内容。”。中国的语言规划研究相比其他国家发展较慢。

在全球化进程中，作为发展中大国，中国在未来将承担愈来愈多的国际义务，和他国的交流将会更为密切、广泛和深入，因此需要大批具备扎实的专业知识和较高的外语能力的人才，以实现全球化背景下信息的沟通和传播，创造物质和精神财富，最终满足社会进步和发展的需要。在微观层面，个人与多元文化和多种语言及其变体的接触日益增加，语言成为追求个人发展的需求的重要工具。

中国正向国际型国家转变，因此外语教育政策和外语语言生活的规划，将为国家和个人参与国际政治、经济、外交、文化、教育等活动提供适当的语言支持，从而充分获取“语言红利”。由于外语缺乏国内语言所具备的自然传承条件和应用环境，其发展尤其需要依靠人为的语言教育，外语教育规划因此成为外语规划中特别重要的一个部分。何时开始教授这些语言，花多少课时和精力来教授这些语言，如何制定合适的语言能力目标，是制定国家外语教育政策时的重要内容。

外语教学多年来一直由教育部下属的一个司或处来主管。政府部门对于外语教育从未制定过长期的规划，也没有设立专门的机构管理这方面的工作。自新中国成立以来，在某些历史阶段，外语教育政策在制定上存在盲目性或是急功近利的现象，例如六七十年代俄语人才的过剩和英语人才在改革开放初期的大量缺乏，部分原因是对外语教育规划研究的不足。目前我国外语规划研究还处于起步阶段，但是对规划理论重于描述介绍，较少深入探讨，主要为感性经验，而对理论的建构不足，欠缺系统的论证。

三、标准语言意识与中国的英语教育政策

语言意识是指语言交流中，参与者和旁观者对语言的认识和看法，尤其指关于语言结构和语言使用的合理及合法性的认知、态度和信仰。作为隐性的语言政策的语言教育，体现了语言意识形态。语言教育中课程设置还是的根源是一种政治意识形态，都是为了贯彻其政治谋略。在全球化的进程中，就英语的使用而言，这种语言意识体现为“标准语言意识”，即对语言系统组成部分的一系列特定的观点和规范，具体表现为英美英语范式在英语教育中的无可比拟的主导地位。

全球化的进程使得英语作为一门全球性的语言越来越成为许多国家的首要外语，这种

趋势势不可挡。英语对我们来说不仅仅是外语,更是当今世界的通用语。从经济力、文化力和政治力来看,英语排在世界通用语种的第一位。作为一种全球性的语言,英语已经成为任何民族国家在制定语言政策时都需要考虑到的一个因素。英语作为当前中国外语生活中的首要外语,其教育规划应该是外语规划中的重要内容。

传统的英语教育中把英语作为第二语言(ESL)或英语作为外语(EFL),认为英美的英语规范是标准范式,而英语学习者的交际对象则是使用"标准英语"的英语母语者。而随着日益加快的全球化进程,英语在全世界的使用中不可避免地发生变异,产生新的变体。而且由于大规模、持续性的移民,许多英语母语者的语音也呈现出多元的特点。但是与之相对的是,当前的英语教育政策依旧体现着传统的标准语言意识,认为所有非母语者的英语变体都不能接受,英语教育必须以英美英语规范为标准。而这种标准语言意识在英语口音层面表现得特别突出,在这一层面非母语者英语最易受到歧视。标准语言意识的一个最显著的例子就是对除了英语以外的语言以及带有"外国腔"口音的英语的毫无道理的负面态度。长期以来中国的英语教育政策深受标准语言意识的影响,全面地接受和遵循英美范式。无论是在考试、教材、教学方法还是教师的教育理念中,几乎没有容纳任何非英语母语国家文化和英语变体。即便在内圈国家母语者的英语变体中,也只包括英美英语,而没有加拿大、澳大利亚、新西兰等英语国家的变体。

在当前多语和多语文化的背景下,英语的发展不断融入各国和各地区的社会、文化和语言特征,英语学习者的语言行为、态度和认同也会随着社会条件的变化而产生巨大的变化。希望通过对全球化语境下中国的英语学习者的语言认同问题和社区属性的研究,探讨如何基于个体的需求、其外显和潜意识认同的变化、世界格局和社会条件的变化等,制定符合国际发展趋势的英语教育政策,并希望能对更大范围的中国外语教育规划有所启发,从而促进整个国家和民族参与国际事务的能力。

第三节　ELF 视野下英语教育政策和外语教育规划

在全球化背景下,中国正从本土型国家向国际型国家转变,需要得到合适的语言支援,同时也需要为来访的海外人士提供必要的外语服务。同时出于语言战略和语言安全的考虑,当前对于英语地位和英语教育过度重视,英语的大规模使用降低了对汉语的纯洁性和汉语的认同,对母语汉语的地位造成了威胁,所以在语言规划中应该对这种趋势纠偏。同时随着英语成为全球通用语,中国的英语人群越来越多地和非英美母语国家的人使用英语交流,原有的过度依附英语"宗主国"语言规范的英语使用和教育实践也受到了具有国际视野的学者和使用者的质疑。下面将基于前文对英语变体可懂度、中国的英语人群的语言态度、语言认同和社区属性的分析,对目前中国的英语规划和英语教育政策进行讨论,旨在对更高层次的外语教育规划有所启发。

一、中国的英语教育规划和政策

中国的英语教育规划属于国家语言规划中外语规划的一部分，下面将简单回顾中国英语教育规划的历史和现状，并对母语安全和英语规划的关系作一简单讨论。

语言规划是政府行使其职能制定和实施国家语言政策的一种社会行为。语言规划的研究对象是国家语言，而外语规划是国家语言规划的一部分。语言规划目前已经进入了国际化发展阶段，经济的全球化、人口的国际流动、虚拟世界交际的增加，使得外语规划和外语政策制定问题成为当代语言规划的重要内容。英语在中国是最主要的外语，其学习和使用人口已经达到了全国总人口的四分之一，因此对于英语的规划是外语规划的核心内容。

二、以认同为动机、基于社区需求的英语教育规划和政策

我国的英语教育规划和政策需要基于大范围的、全方位的、准确的调查和实证研究结果，进行完善，适应中国经济和政治等方面的发展需求。认同作为语言规划和语言政策制定中最重要的动机，社区作为英语教育规划和政策实施的场所，都体现了社区成员语言权力和权益，并且随着国际和社会经济政治格局的变化而变化。因此，笔者建议在进行英语教育规划时，应首先基于社区成员的认同，调查他们的需求，然后进行具体的规划和政策制定。

(一)以认同为首要动机

经济全球化伴随而来的是文化全球化，世界一些经济和文化占主导地位的国家必然凭借其语言与文化的优势对世界各国的民族语言文化带来威胁。认同的贮存和演化在国家的语言规划和语言教育政策的制定过程中发挥着极其重要的作用。在全球化进程中，中国的参与度和影响力日益增大，英语及英语文化对中国的英语学习者和使用者认同的影响，是出于国家战略目的的语言规划和英语教育政策制定时要考虑的关键因素。

汉语作为中国语言资源体系不可动摇的主体地位并未发生改变。尽管英语学习使得学习者产生了微小的、积极的附加性和生产性的认同变化，英语上的进步使他们更有自信，并能预期英语对他们未来的重要意义，但是他们对汉语的认同并未削弱。这种汉语认同为主体，英语认同为附加的认同变化在访谈中也得到了印证。访谈内容分析显示中国的英语学习者的动机仍以工具性为主，他们对汉语很有安全感，并且英语学习让他们从新的角度认识汉语，更加认同自己的母语。中国的英语学习者有强烈的维护母语及其文化的意思，他们对英语及其文化的认同总体上是健康的。语言接触是语言丰富和发展的必要，这是一种良性的互动。对于汉语主体的维护和发展诚然是语言规划的基本任务，但是认同作为语言规划的动因，不应是建立在反对外来文化或是外来语言的基础之上，而是置身于多元文化的博弈和合作之中的。鉴于中国的英语人群的主体认同仍是母语，没有必要在语言规划中刻意削弱英语的重要性，而是应该根据他们的认同和需求制定合适的英语教育政策。

(二)基于社区需求

人们学习其他人群的语言或者是因为受到政治势力的约束，或者是因为他们期待在物质、智力和精神方面受益。中国的英语人群在最基本层面的社区属性是实践的社区，他们出

于对英语共同的兴趣、在课堂或工作场所分享学习经历和知识，希望能使用英语达到个人发展的目标。对于中国外语能力需求的调查，发现中国不同职业的居民在工作和生活中均存在一定的外语运用要求，外语能力成为国民关键能力的组成部分，而且不同职业的受访者都有着显著的外语生活需求。而英语作为中国最主要的外语，在外语能力需求和生活需求中所占比例具有绝对优势。

在这个实践社区之上的是一个想象的中国英语者的社区，他们之间没有直接的互动，但是他们通过想象能够地构建自己对中国英语和 ELF 的认同，建立与国际 ELF 社区的联系。这个想象的社区的需求是，中国作为一个主权独立、经济发达、具有政治话语权和文化影响力的国家，参与国际事务，在全球化进程中谋求发展。中国当前的英语教育规划必须具有国际化的视野，因为整个中国的英语社区成员开始和必将具有国际姿态，并充分认识到国际英语交流的对象及包括来自英语的内圈国家，更多地来自外圈和扩展圈国家。

综上所述，出于各种需要而学习和使用的英语应当被看作是语言资源中的特殊部分，以认同为动机、基于社区需求的英语教育规划不会从根本上改变其在我国语言资源体系中的配角地位。在对于目前对汉语认同的担忧以及对于英语非母语者变式的犹疑，与其等待矛盾的进一步激化，不如决策者专注于社区成员的需求，制定适应发展形势的英语教育政策。

三、ELF 视野下的中国英语教育政策

对英语的规划包括对其的地位规划、本体规划和习得规划。在中国目前的国内事务中，英语的使用程度很低。但是随着社会发展的进一步和国民自我发展的需要，英语应该有一定的地位。这些需求自然形成了英语在我国的重要功能：教育功能。作为中国人最主要的外语，英语教育是形成国家主体外语能力的重要途径。下面将基于 ELF 的使用现状，从中国英语教育目标和范式、英语考试、英语教材和英语教师四个方面讨论具有国际视野的英语教育政策。

(一)教育目标

在英语学习中，和英美等国母语者一样的语言水平是几乎所有英语教育课程的默认目标。但是认为对于任何语言的学习者来说，具有和母语者一样的语言能力是不可能的，除非重生一次。目前在英语教育中有关学习者语言能力的要求是乌托邦式的、不现实的和具有强迫性的。因此对于英语作为二语或是外语的学习者，完全和母语者一样的语言能力是难以达到，也是不利的教育目标。

在全球交流中，英语作为通用语日益增强的主导地位，一方面增加了英语变体的多样性，另一方面英语母语者规范的传播则限制了其多样性的发展。英语变体的多样性意味着在不同地区的英语交流情境下，各国和各地区的英语不可避免会发展自己的语言特征。完全没有变异的英语使用是不可能的，即便在英国和美国，英语在不同地方都存在变异。此外统一遵循母语者规范的另一个负面效应是对英语地域变体中所融合的地方文化和习俗的忽视。而且英语学习不仅是非母语者的任务，英语国家的人群同样需要学习其他英语变体的特征，尤其是在非母语者占多数的国际交流中。

对于非母语者英美规范不一定代表了所有的英语使用,学习者不应该被强迫接受母语者规范。在中国的教育实践中,越来越多地听到大学毕业生投诉在实际的英语交流中,几乎不能听懂非母语者的英语,而另一方面确实工作和学习对他们国际交流能力的要求。虽然被访人对英语教育政策和实践的回答也显示对英美范式的偏好,但是他们表示从小到大接触的英语主要为英音,然后到大学才开始比较多地接触美音。访谈人虽然表示要以英美为主,但同时他们认为需要看国际形势的发展。英语规范的确立应该是和经济、政治实力有联系的,随着越来越多非英语国家的崛起,应该在教学中逐渐纳入其他口音。

单一的、标准的英语范式"不能使学生为现实世界的交流需求做好准备"。ELF 视野下的英语教育应该认识到英语作为世界通用语只是一种功能,包括各种英语变体,而 ELF 本身并不是一个相对稳定、规范的语体。因此,中国的英语教育目标应该是在语言、文化和语用三个方面,融合英美的母语者的变体、非母语者的变体以及中国本体在这三个方面特征、内容和规范,培养中国的英语学习和使用者成功进行交际的能力、跨文化的能力和言语适应及语用能力。从这个教育目标,我们可以看到,中国的英语教育既不是以不可能达到的母语者的语言能力为目标,也不是如有些中国学者提倡的那样局限于自己的中国英语变体。而是在承认中国英语以及其他非母语的英语变体的客观存在的前提下,确定哪些语言成分是大部分国人不可能习得的,哪些语言成分对交际中的可懂度有影响的,哪些语言成分有益于传播中国文化的,从而在真正意义上培养具有国际社会交际能力的语言学习者。

(二)考试的导向作用

语言学习者的成功与否不能总是按照母语者的标准来评估。考试作为评估英语学习者和使用者最重要的手段,具有重要的导向作用。英语母语国家根据其先天的语言优势,利用考试的导向作用,来推广其规范。英国政府的语言机构英国文化委员会在全球输出英国英语,并把众多非英语国家作为其关键市场,特别是中国。例如,在听力考试中,从未出现过除英美口音以外的任何其他英语口音。当中国的英语人群学习目标是通过这些以英美英语为范式的英语水平考试时,对于其他英语变体的忽视是可想而知的。

因此,虽然目前对于 ELF 的描述和定义还不是很完善,但是考试委员会可以认可外圈和扩展圈中常见的、系统的、可懂度高的语言形式,而不是把它们作为错误形式摒弃在外。美国 ETS 考试中心在全球推广的 TOFEL 考试中,口语部分不再简单地、像传统考试中那样考查学生的口语能力,而是更侧重学习整合、归纳信息,解决的问题,举例证明观点的能力。这种以实际的学术需求为导向的考试是为学生日后融入的学术社区做准备的,这个学术社区应该包括内圈、外圈、扩展圈等不同国家背景的人群,也就意味着其中的英语交流将为 ELF,而不是英语作为外语或母语。对于母语者来说,同样有必要来熟悉、接受学术同行的变体和口音。

在后现代的世界格局中,语言的水平不再是衡量学习者模仿内圈母语者的语言规范有多好,而是衡量他们在不同言语社区和不同英语变体间适应、转换的能力。随着 ELF 语言特征日显稳定及系统化,以及 ELF 使用情境的日渐扩大,将毫无疑问地产生新的动力,来推动英语教育和测试中语言规范和语言水平本质的讨论。

（三）英语教师的责任

教师在英语教育，特别是语音教学中，往往很少对口音做出妥协，总是以英美为标准。对教师的培训和教育往往都是规范性的，即便教师有机会接触ELF，在他们的语言意识、有关英语教育的理论和他们的教育实践中仍旧存在着巨大的差距。特别值得注意的是，在许多非母语国家的大学，大批地引进母语者作为英语教师，甚至在有的东亚国家，只要是母语者，不需要有教育经历，也可以担任英语教师，从而导致了对非母语教师的语言歧视，并且使他们产生语言的不安全感，或是自我边缘化。

非母语者英语教师可能对英语作为世界通用语持欢迎态度，但是体制、政策和传统的限制使得他们在教育实践中仍旧只能以英美英语为范式。因此在教师的教育项目、学位课程中，有必要纳入有关ELF的理论和研究，提升他们对ELF的了解，使其认识到对母语规范的依附是如何影响他们作为学习者和教育者自主权的。从而提高教师的自信，把自己定位为成功的、合格的教师和自信的英语学习者，而不是处于认同的纠结和挣扎中。

目前许多在英语教育最前线的教师、一些卓有远见的语言学家已经意识到了ELF的发展方向，在理论上开始接受ELF的理论。因此作为英语教育的从业者，首先，需要承认ELF的存在，而ELF框架内英语使用者不再是差劲的学习者。其次，要看到在未来的国家交流中，对非母语者英语口音的言语适应技巧要远远比模仿母语者的能力重要。虽然ELF理论的认识和研究还不足以给广大英语学习者提供取代传统范式的一个英语教育模式。但是在目前阶段，教师可以给大家提供一些宽泛的指导，比如教师应该鼓励学生发展言语适应技能，适当增加课堂中学生对其他英语的熟悉度，从而在语言意识上让中国的英语学习者认识到不同英语变体实际的国际交流的重要意义。

四、对中国外语教育规划的启示

语言规划就是要把语言学研究与国家发展的需要结合起来，其中国家发展的需要包括了个人发展的诉求。随着中国综合国力的增强和在国际社会中话语权的逐步提升，需要我们不断提高与不同文化背景、不同语言背景的对象的沟通能力，有效进入国际话语体系。因此，当我国的语言生活中因外语教育而引发不断地争议时，基于实证的外语教育规划成为当务之急。

对英语学习者的语言认同和社区属性进行的调查发现，语言文化的多样性并未对汉语认同造成威胁，相反学习者能够利用新的语言资源，产生附加性和生产性的认同变化。其次受长期英语标准意识的影响，中国的英语人群对母语变体，特别是英美英语有较强的认同，但同时也认识到英语作为世界通用语的地位和意义，因此在对英语的认同上存在矛盾之处。结合认同对英语学习者社区属性和全球英语社区属性的分析表明，在全球化的时代随着越来越多的国际交流发生在非母语使用者之间，以及英语学习和使用者认识英语其作为通用语的价值和意义，他们将发展自己的国际视野，并有可能把自己归属到更大范围的全球英语社区中，并可能建构“世界公民”的认同。基于这样的认同和社区需求的中国英语教育规划和教育政策应该认识到标准语言意识的狭隘和局限，在教育目标、考试导向、教材、教师责任等方面具备国际意识，接纳非母语者的英语变体，从增加对其他英语变体的熟悉度开始，为参与多语言背景的国际交流做好准备。

从对英语教育规划和英语教育政策的讨论对当前我国的外语教育规划有所启示。当前中国的语言生活中，外语教育的语种过于单一，英语独大，而其他外语的学习与应用，缺乏战略层面上的设计，通过科学的语言规划来解决。首先，是主体性的问题，处理好主体性与多样性的关系。在外语教育规划中，先是确定汉语作为母语的主体地位，同时明确世界各种语言都是在相互交流中发展的，语言文化应当呈现多样化。在其他外语进入中国语言生活的同时，也要利用外语推广、传播自己的母语和母语文化。主体性还意味着在当前的外语教育中要做好宏观把握，适应全球化的发展趋势，确立英语教育的主体地位，避免盲目发展个别语种带来的无效教育。其次，是外语教育规划中的多样性问题。根据国际形势的发展、基于国家和个人需求，指导较高层次的学校开展多语种的外语教育，让学生根据实际需求进行选择。最后，是区域性问题。随着亚太地区经济合作和文化交流的发展，以及国家政治和军事战略的需要，有必要把亚太地区国家的语言纳入中国的外语教育体系中。

以英语为例进行的教育规划和教育政策对外语教育规划最大的启示是国际化视野和前瞻性。外语教育目标应该不仅着眼于满足国家、社会和个体的现阶段需求，应该顺应发展趋势，着眼于明天的需求，具备国际视野，培养可持续发展、胜任竞争的外语人才。

参考文献

[1]胡丹.英语语言学及应用语言学研究[M].长春:吉林人民出版社,2021.

[2]韩峰.隐喻研究及其在英语语言学中的应用[M].北京:北京工业大学出版社,2021.

[3]赵海湖.系统功能语言学视域下的旅游翻译研究语言服务书系翻译研究[M].广州:暨南大学出版社,2021.

[4]田现辉.语言学视域下的英语教学多维研究[M].北京:九州出版社,2021.

[5]杨岸青,李淑琮.英语语言文学与学科教学研究[M].北京:知识产权出版社,2021.

[6]余莉.实用交际英语口语实训教程[M].重庆:重庆大学出版社,2021.

[7]杜慧颖.EFL 学习者英语派生意识形态与阅读能力关系的研究[M].上海:上海交通大学出版社,2021.

[8]何冰,陈雪莲,王慧娟.语言学应用与英语课堂教学研究[M].郑州:黄河水利出版社,2020.

[9]赵萍.应用语言学视角下大学英语教学研究[M].长春:吉林人民出版社,2020.

[10]刘少杰.认知语言学理论解读及其在英语教学中的应用研究[M].长春:吉林大学出版社,2020.

[11]严世清.功能主义语言学理论探索与应用[M].上海:上海外语教育出版社,2021.

[12]吴燕侠.语言学理论实用教程[M].成都:西南交通大学出版社,2020.

[13]佟丽莉.语言学与英语翻译教学的多维度探析[M].西安:陕西科学技术出版社,2020.

[14]刘曦.基于多维视角的英语语言学理论探索与应用[M].北京:新华出版社,2019.

[15]郭慧莹.应用语言学理论视阈下高校英语教学实践研究[M].北京:冶金工业出版社,2019.

[16]刘辉.应用语言学方法导论[M].哈尔滨:黑龙江大学出版社,2019.

[17]李瑛,王莲,田召见.认知语言学理论与应用[M].北京:中国经济出版社,2019.

[18]毕晟,尹丽娟.多维视角下的英语语言学研究[M].成都:四川大学出版社,2019.

[19]杨静.现代语言学流派与英语教学探究[M].北京:中国商业出版社,2019.

[20]张丽霞.现代语言学及其分支应用语言学的理论与实践研究[M].北京:中国大地出版社,2019.

[21]许丹丹,陈蕊.功能语言学与英语教学研究[M].长春:吉林大学出版社,2019.

[22]潘超.认知视角下英语语言学与应用语言学研究[M].北京:北京工业大学出版社,2018.

[23]骆洪,徐志英.外国语言文化与翻译研究[M].昆明:云南大学出版社,2018.

[24]王晓丹.认知语言学视角下视障学生英语多义词习得研究[M].天津:天津大学出版社,2018.
[25]袁利.语言迁移与二语习得的反思与研究[M].西安:世界图书出版西安有限公司,2018.
[26]黄慧,梁兵,陈倩茜.城市旅游业及其语言使用研究[M].杭州:浙江大学出版社,2018.
[27]邓林,李娜,于艳英.现代英语语言学的多维视角研究[M].北京:地质出版社,2017.
[28]林竹梅.ESP语言认知研究[M].北京:对外经济贸易大学出版社,2017.
[29]向晓.旅游英汉语言认知语用对比研究[M].北京:对外经济贸易大学出版社,2017.
[30]吕兴玉.语言学视阈下的英语文学理论研究[M].长春:东北师范大学出版社,2017.